/시·간증집/

눈물의 기도는
열매를 맺고

최정숙 사모

_____ 님께

_____ 드립니다.

책 머리에

눈물의 기도에 응답하시는
하나님의 사랑

남편의 박사학위 수여식에 참여하면서, 지나온 26년간의 세월 속에 깊이 묻혀 있던 희로애락이 내 뇌리 속을 스쳐 지나갑니다.

결혼 이후 시작했던 남편의 공부가 이제는 끝나는구나 싶어 내 마음 한쪽에선 안도감이 생기기도 했으며, 또 한편으로는 오늘이 있기까지 인도하신 주님의 진한 사랑을 다시 한 번 생각하는 시간이기도 했습니다.

힘들고 어려울 때마다, 슬프고 고통스러울 때마다, 말씀으로 역사하시고 찬양으로 즐거움을 간직하게 하시며 눈물의 기도에 응답하시는 주님의 사랑의 넓이와 깊이, 또한 그 크기를 측량할 길이 없습니다.

첩첩산중에서 무당의 아들로 태어난 남편이지만 주님의 특별한 사랑으로 주님의 말씀을 전하는 목회자로 세우신 그 큰 사랑에 눈물을 흘리며 감사를 드립니다.
　지금에 이르기까지 물심양면으로, 또한 기도로 도우신 친정부모님과도 같으신 이보영 목사님과 사모님께 감사드리며, 사랑하는 조카딸들, 현숙이와 경숙이, 미선이, 경용이와 승현이, 그리고 정수남 권사님, 조명래 집사님, 백영옥 집사님과 원고 정리로 수고한 이지영에게 감사함을 전하고 싶습니다.

▼ 남편의 박사학위 수여식 때

추천의 글 1

개척 사역을 하는
모든 주의 종들과 사모님들에게
큰 귀감이 되는 책

신월동교회 고용복 목사

"너희가 나를 택한 것이 아니요 내가 너희를 택하여 세웠나니 이는 너희로 가서 과실을 맺게 하고 또 너희 과실이 항상 있게 하여 내 이름으로 아버지께 무엇을 구하든지 다 받게 하려 함이니라"(요 15:16).

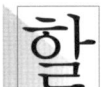 렐루야!
저자 최정숙 사모님을 선택하사 그리스도의 일꾼으로 써 주시는 하나님께 존귀와 영광을 앞서 돌립니다.

사모님은 일찍이 복음 전도자로 헌신하시며 자신을 드려 충성하여 주를 섬길 뿐 아니라, 청년시절 한 교회를 섬기셨던 곽종원 목사님과 결혼하여 훌륭하신 성직자로 헌신케 하는 데 큰 덕목이 되셨습니다.

'양무리 교회'를 개척하시고 아름다운 성전을 건축하고 또 중축

하기까지의 부흥의 역사는 오늘날 개척 사역을 하는 모든 주의 종들과 사모님들에게 큰 귀감이 되는 일이라 여겨 본 교단 예수교대한성결교회 교단지인 성결신문(2004년도)에 연재되었고, 더 자세히 알고 싶어하는 많은 분들의 열화 같은 요구에 이 책을 연이어 펴내게 되었습니다.

  추천서를 쓰는 작은 종은 사모님과 목사님이 시무하시는 '양무리교회' 부흥성회를 인도하면서 많은 은혜를 받았고, 두 분을 구별하여 써 주시는 하나님께 감사하지 않을 수 없었습니다. 모쪼록 이 책자 속에 담겨져 있는 성령의 역사하심이, 애독하시는 이 땅의 모든 사명자들 속에도 나타나, 은혜와 도전의 불씨가 될 것을 믿어 의심치 않기에 두 손 들어 추천하는 바입니다.

주후 2006년 11월

추천의 글 2

나의 행복이요 기쁨인 아내
헌신으로 낡아지고 주름져간
한 여인의 이야기

양무리교회 담임목사 곽종원

26년을 함께 살아온 아내가 평소와는 다른 용기를 냈습니다. 그리고는 내게 추천서를 써 달라고 했습니다.

아내란 이름은 내게 있어서 행복이요 기쁨입니다.

고삐 풀린 망아지 같았던 한 남자를 만나, 순간순간 부딪히는 갈등을 눈물로 하나님 앞에 호소했던 연약한 여인이 바로 아름답고 향기로운 모습으로 내 곁에 있습니다.

성전을 건축하고 학문의 길을 건너가면서 박사학위를 받기까지, 눈물의 기도로 내조했던 아내가 내게 있음은 하나님의 은혜요 축복하심입니다.

지난날 얼룩진 내 삶의 걸음걸음마다 눈물로 채워 하나님의 종이 되기까지 낡아지고 주름져간 한 여인의 이야기이기에, 남편으로서가 아닌 한 목회자요 남성으로 이 글이 많은 사람들의 손에서 희망을 주고 행복을 주리라 소원하며 추천하는 바입니다.

contents/차례

책 머리에 ❀ … 최정숙 사모 ▶ 3
추천의 글 1 ❀ … 고용복 목사 ▶ 5
추천의 글 2 ❀ … 곽종원 목사 ▶ 7

제1장 나의 어린 시절 / 13

최부잣집 셋째 딸로 태어나다 ▶ 15
부모님 ▶ 18
아버지의 사업 실패 ▶ 26
왼손에 소아마비가 오다 ▶ 28
예수님을 알게 되다 ▶ 31
알 수 없는 병에 걸리다 ▶ 34
눈물과 절망으로 보낸 청소년기 ▶ 37

제2장 나를 부르신 하나님 / 41

부흥회에서 은혜를 체험하다 ▶ 43
성령의 불로 손이 완치되다 ▶ 47
어머니의 회개 눈물 ▶ 50

금식기도로 위장병이 낫다 ▶ 53
세 가지의 기도 제목 ▶ 55
사이비 교단에 빠진 어머니 ▶ 58
신학교에 가다 ▶ 66
극심한 생활고 ▶ 72
건축헌금 30만원을 드리다 ▶ 78
고향 교회의 전도사로 오다 ▶ 80
큰 시험 ▶ 85
환상을 보다 ▶ 93

| 제3장 | 결혼, 남편의 신학공부 / 95 |

저 사람이 네 남편감이다 ▶ 97
거센 반대를 이기고 결혼하다 ▶ 102
뒤죽박죽 신혼여행 ▶ 105
남편의 어린 시절 ▶ 108
방황하는 남편 ▶ 112
태의 열매를 허락하시다 ▶ 115
가난한 신학생 ▶ 119
안양으로 이사하다 ▶ 127
광야생활 ▶ 134

| 제4장 | 교회 개척 / 143 |

개척을 위한 남편의 20일 금식기도 ▶ 145

부흥을 방해하는 마귀역사 ▶ 151
병원에도 못 가는 아픔 ▶ 157
5년 만에 지하를 벗어나 2층으로 ▶ 159
친정식구의 구원 ▶ 161
하나님께서 주신 두 아들 ▶ 168
부부의 갈등 ▶ 175
인내와 사랑의 열매 ▶ 179

제5장 사모가 감당하는 작은 목회 / 185

일천번제는 축복의 통로 ▶ 187
3일 작정예배 ▶ 189
수련회를 통한 성령충만 ▶ 191
사랑하는 양무리 식구들의 편지 ▶ 194
성전 건축 ▶ 213
헌당의 축복을 소원하며 ▶ 222

제1장

나의 어린 시절

최부잣집 셋째 딸로 태어나다

나의 고향은 충북 괴산군에 있는 '늘목'이라는 심심산골이다. 나는 시골부자 최씨 집안에 아들 셋, 딸 셋, 6남매 중 셋째 딸로 태어났다. 식구들은 나를 막내딸이라 불렀다.

내가 살던 집은 사랑채와 안채가 있었고, 어머니가 꽃을 좋아해 앞뒤 빈터엔 꽃밭을 만들어 울안에는 계절에 따라 예쁜 꽃들이 피었다.

뒤뜰 장독대 옆엔 두레박으로 물을 뜨는 샘물이 있었고, 넓은 앞마당 위 꽃밭에는 큰 떡살구 나무와 헛간채 뒤로는 큰 배나무가 있었다.

살구나무는 매우 크고 살구열매가 참으로 많이 달렸었다. 바람이 부는 날이면 잘 익은 떡살구는 앞마당에 아침마다 꽃처럼 많이 떨어져 있었다.

아버지께서는 살구 줍는 것을 좋아하는 나를 일찍 깨워 "살구가 많이 떨어졌다"고 귀띔을 해 주셨고 나는 일찍 일어나 여기저기 떨어진 어린아이 주먹만한 떡살구를 치마폭에 주워 담고 좋아했던 기억이 난다. 그렇게 주워 먹던 떡살구는 참 크고 맛이 있었다.

우리 집에는 6남매와 부모님만 같이 사는 것이 아니었다. 어머니에게 심한 시집살이를 시키던 94세 된 할아버지와 큰어머니도 함께 사셨다.

나의 큰어머니는 키도 크고 덩치도 좋아서 남자 같기도 했던 분으로 기억된다. 큰어머니는 스물여덟에 딸 하나를 낳고 혼자 되셨는데, 홀로 된 큰어머니는 얼마나 무서우셨던지 우리 6남매는 무서운 큰 어머니 때문에 무엇 하나 우리 마음대로 할 수도 없었고 크게 울지도, 웃지도 못하고 살았다.

그렇게 무서운 큰어머니는 약장수를 하셨기 때문에 거의 밖에서 시간을 보내시고 일주일에 한 번, 아니면 열흘에 한 번씩 집에 오셨다.

가끔 큰어머니가 집에 오시면 동네사람들까지도 발길이 뚝 끊어질 정도로 큰어머니는 '동네 호랑이'로 통했고 큰어머니가 집에 오시는 날이면 우리 육남매는 "호랑이 큰 어머니 오신다." 하며 줄을 서 정중하게 인사를 하고는, 각자 일거리를 만들어서 가능하면 큰어머니 곁을 피해 다녔다. 아니 거의 도망 다니다시피 했다는 표현이 더 어울리는 듯하다.

그런 큰어머니와 우리의 사이는 마치 고양이 앞에 서 있는 쥐 같은 존재였다.

큰어머니는 어려운 시대에 살아서 그런지 집에서는 최대한 식사를 안하시고 밖에서 약장사를 하시면서 식사를 해결하신 분이셨다. 심지어 신발이 닳아 떨어진다고 좋은 길에서는 신발을 벗고 다니신 분이셨다. 하지만 아스팔트도 없는 옛날에 좋은 길이 어디 그렇게 있었는가?! 아무튼 알뜰하기는 그 누구도 따라잡을 수가 없었다.

그렇게 무섭고 지독하게 알뜰하시던 큰어머니는 술을 좋아하셨는데, 그 때문인지 큰어머니는 연세 60 되시던 해에 환갑도 못 넘기시고 고혈압으로 갑자기 쓰러져 돌아가셨다.

부모님

　우리와 함께 같이 사신 할아버지는 어린 내가 옆에서 보기에도 안타까울 정도로 어머니에게 호된 시집살이를 시키셨다. 그 이유 중 대부분은 어머니가 친정집에 곡식을 퍼다 준다는 것 때문이었다. 어머니의 친정은 몹시 가난했는데 어머니가 시집온 배경은 나의 친할아버지의 영향이 컸다.
　나의 어머니는 정씨 집안의 외동딸로 태어났단다.
　외갓집이 얼마나 큰 부자였는지 말을 타고 다니며 농사를 지을 정도였다고 하니 정말 대단한 부자였을 것이다.
　그러나 외할아버지의 술과 여자문제로 인해 모든 것을 탕진하고 말할 수 없는 가난에 시달려 때꺼리도 없이 되었을 때, 우리 할아버지가 외할아버지에게 술을 사주시며
　"자네 딸을 우리집 며느리로 주게나."
하며 하루도 빠지지 않고 조르고, 빌고 빌어 반 억지로 어머니를

며느리로 맞이하셨다고 한다.

어머니가 시집 온 이후로 할아버지는 어머니가 곡식을 친정으로 가져가지 못하도록 일거일동을 살피시며 할아버지의 시야를 벗어날 수가 없도록 지키셨다.

하지만 나의 어머니는 곡식을 친정으로 가져다 줄 수밖에 없는 상황이었기에, 그러한 구박에도 불구하고 할아버지의 눈치를 보며 곡식을 날랐다.

그렇게 어머니가 행동했던 이유는 정말 애절하기 그지없었다. 우리 어머니를 외동딸로 키워 시집 보내고 외할머니가 큰 병이 들어 죽음을 앞두고 있을 때, 외할아버지를 잘 봉양하고 살아달라고 앞 못 보는 젊은 처녀를 외할아버지께 맺어주고 외할머니는 돌아가셨다.

우리 어머니보다도 5살이나 어린 작은외할머니는 외할아버지와 살면서 아들 둘, 딸 둘을 낳았고 한참 후 외할아버지는 나이 많아 돌아가시자 작은 외할머니는 혼자가 되셨.

작은 외할머니는 맹인이니 무엇을 해서 먹고 살 길도 없고 때꺼리도 없어 나의 어머니는 그런 친정 때문에 불철주야 걱정이 끊이지 않으셨다. 그것은 자식으로서 당연한 도리였지만 나의 친할아버지는 용납하지 못하셨다.

그럴 때마다 인정 많으신 아버지는 처갓집에 갖가지 곡식을 철마다 가져다 주셨다. 가끔은 어머니가 직접 쌀을 이고 가기도 했다.

한번은 친정에 곡식을 가지고 가시다가 할아버지한테 들키고 말았는데 그 뒤로는 할아버지의 시집살이는 더욱더 심해졌다.

어머니가 잠깐이라도 집을 비우면, 장독대를 비롯하여 곡식이 들어 있는 광문을 열고 들어가셔서 곡식단지마다 곡식들이 제대로 있는지 검사를 하시고는 어머니가 집으로 돌아올 때까지 어머니의 친정 쪽을 바라보며 어머니를 지키고 계셨다.

할아버지는 가끔 우리에게,

"네 어미, 외갓집에 곡식 퍼다 주러 갔지?!"

하며 어머니의 행방을 우리에게 물어보곤 하셨다.

할아버지는 낮에만 어머니를 지키고 계신 것이 아니었다. 밤에도 어머니가 집에 있나 없나를 확인하셨다. 어머니가 안방에 계신 것을 확인하셔야만 안심하고 사랑채로 들어가 주무셨다.

할아버지는 불철주야로 친정에 곡식을 가져다 줄까 봐 어머니를 지키셨지만, 착하신 아버지께서는 때로는 언니와 오빠를 통해서 갖가지 곡식을 가져다 주도록 하셨다.

그렇게 나의 아버지의 보살핌이 있었지만 때꺼리도 없는 가난한 친정 때문에 시아버지의 심한 시집살이를 이기지 못해 어머니는 집을 떠나 가출을 하기도 하셨다. 하지만 마음 약한 우리 어머니는 어린 우리 6남매가 눈에 밟혀 며칠 만에 집으로 돌아오셨다.

어머니께서 집에 돌아왔을 때는 집은 엉망이었고 우리 형제들은 거지꼴로 앉아 있었다.

큰언니는 부뚜막에 앉아 수제비를 뜨고 있었고 할아버지는 불을 때고 있었는데, 그 모습을 본 어머니는 이래저래 속상한 마음에 한참을 울고 말았단다.

"차라리 내가 힘든 게 낫지, 저 죄 없는 것들이 뭐가 잘못인가?!"
하시며 참고 또 참고 살았노라고 하셨던 말씀이 생각난다.

그렇게 어머니에게 힘들고 고된 시집살이를 시키시던 할아버지는 94세 되던 가을에 세상을 떠나셨다.

정씨 집안에 외동딸로 귀하게 자란 나의 어머니였지만 그 당시에는 부자이건 가난한 자이건 여자로서 공부를 한다는 것은 상상도 못했을 시절이어서 어머니는 글을 배우지 못하고 시집을 오셨다.

그러던 어느 날, 이웃집에 갔는데 9살짜리 여자애가 책을 줄줄 읽고 있는 모습을 보게 되었단다.

'저렇게 어린애도 글을 아는데 나는 이 나이 먹도록 뭐했나?' 하는 생각에 부럽기도 하고 부끄러운 생각도 드셨다고 했다.

어머니는 그길로 집으로 오자마자 아버지의 저녁마다 글 읽는 소리를 듣고 혼자서 글을 배우셨다. 밤 늦게까지 불이 켜져 있으면 할아버지께서 기름 닳는다고 걱정하시니, 호롱불 빛을 이불로 감추고 밤늦게 까지 '가의갸, 겨의겨' 하며 한글을 깨우쳤다고 하셨다.

글을 완전히 익힌 후, 제일 먼저 아버지에게 편지를 쓰셨고 우리 6남매에게도 편지 한 통씩을 쓰시며 우리에게 가끔 읽어주셨다. 어머니는 아버지의 책 읽는 소리를 많이 들으셔서 그런지 옛날이야기를 정말 너무너무 실감나고 재미있게 하셨다. 콩쥐 팥쥐 · 심청전 등의 이야기를 해주시는 어머니는 마치 신기한 옛날이야기 주머니를 가지고 계신 것처럼 보였다.

어머니의 옛날이야기를 들으려고 내 친구 복순이·명순이·갑순이·영순이·소자·금순이가 자주 놀러 와서 어머니가 들려주는 이야기를 꼭 듣고 가곤했던 기억이 지금도 생생하다.

어머니는 무척 부지런하시고 깔끔하신 분이셨다. 우리가 학교에 가려면 학교길이 걸어서 십리가 되기 때문에 항상 새벽에 일어나야 했다. 그런 와중에도 어머니는 일찍부터 화장도 하시고 얌전하고 곱게 머리를 빗어 쪽을 지어 깔끔한 모습으로 우리를 학교에 가라고 깨우셨다. 어머니의 머리가 흐트러진 모습을 우리는 한번도 본 적이 없었고 화장기 없는 까칠한 얼굴도 본 적도 없었다.

시골에 살며 농사를 지셨지만 나의 어머니는 항상 깔끔하시고 무엇이든 못하는 것이 없는 팔방미인이라고 소문이 날 정도였다. 손재주가 좋아서 손으로 하는 모든 것은 못하는 것이 없었다.

그때 우리 동네에서 우리 집에만 유일하게 재봉틀이 있었다. 책을 보자기로 싸서 학교에 다닐 그 시절에 어머니는 재봉틀로 손수 우리 책가방을 예쁘게 만들어 주셨다.

또한 어머니는 놀라운 손재주로 습자지에 여러 가지 색으로 골고루 물감을 들여, 라일락·매화·장미·백합 등 꽃을 만들어 놓고 우리 집에 오시는 손님들에게 꽃 선물을 하시며 손님오시는 것을 무척 좋아하셨다.

그래서인지 지나가는 나그네들도 우리 집에 와서 허기진 배를 채우고 갔고, 우리 동네에 오는 장사꾼들은 거의 우리 집에서 하룻밤을 묵고 갔다.

그럴 때마다 어머니는 여러 가지 음식을 여러 가지 모양과 빛깔로 맛있고 멋있는 요리를 해서 우리 집에 오시는 분들을 대접하시며 좋아하셨다.

그렇게 착하신 어머니를 잘 챙기셨던 우리 아버지는 키는 작지만 착하고 어진 분이라고 동네 분들의 칭찬을 많이 들었고 어려운 이웃에게 선한 일을 많이 베풀었던 아버지였다. 옛날엔 다들 배움의 기회가 적어서 글을 모르는 분들이 대부분이었다. 그런데 우리 아버지는 한때는 서당 훈장도 지내셨었다는 이야기를 뒤늦게 들었다.

5일에 한 번씩 열리는 장날에 장에 가시기만 하면 아버지는 이야기책을 사가지고 오셔서 동네 사람들 앞에서 읽어 주시곤 하셨다. 한 동네에 사시는 6-7명의 할머니들께서 우리 집에 마실을 오시면 아버지께서는 구수하면서도 쩌렁쩌렁한 목소리로 '심청전'이나 '춘향전' 같은 이야기책을 긴 겨울밤에 호롱불 밑에서 읽어 드렸고 그때마다 동네 할머니들이 즐거워하셨다.

TV 연속극을 보며 '내일은 과연 어떻게 될까?' 기대하며 기다리는 것처럼 할머니들께서는 "저런! 아이고 어쩌나!" 하고 장단을 맞추며 재미있게 들으시고 내일을 기대하며 아쉬운 발걸음을 옮기시며 돌아가시던 기억이 난다.

그 당시만 해도 전기도 없었고 라디오도 한 동네에 한두 대 있을 정도이고, 볼거리가 없으니 아버지가 호롱불 밑에서 읽어 주시는 이야기책은 더없는 즐거움이었을 것이다.

어머니께서는 아버지의 책 읽는 소리를 들으러 오신 그분들을 위해 정성껏 밤참을 해드렸고 그럴 때마다 할머니들의 칭찬이 자자하셨다. 먹을 것이 궁하던 그 때 추운 부엌에서 호야불 켜고 수제비국, 때로는 칼국수를 만들어 드리면 할머니들의 칭찬이 대단했었기에 그 기억이 머릿속에 생생하다.

우리 6남매는 그렇게 부지런하시고 남을 잘 도우시는 아버지와 어머니가 다투거나 싸우는 것을 한번도 본 적이 없었다. 아버지나 어머니가 모두 착하시기 때문인 것 같다.

착하신 부모님께서는 가끔 6·25 당시의 이야기를 해 주셨다. 피난길에 몇 번이나 죽을 뻔하셨던 이야기와 먹을 것이 없어 고생한 이야기, 열 평도 안 되는 방에서 50명이 생활했던 이야기 등 무척이나 고생스런 일을 경험했었다고 이야기를 하셨지만 그 고생을 경험하지 못했던 어린 나는 재미있는 옛날이야기처럼 들었다.

"피난길을 떠날 때, 딸들은 그냥 두고 아들만 데리고 가자고 해서 내가 무척 속상해했었다. 그래도 살아 있는 자식을 어떻게 죽게 내버려 두느냐고 울면서 끝까지 딸들도 데리고 피난길을 떠났지. 그래서 지금 너희들이 살아 있는 거란다."

어머니도 그 당시를 떠올리며 우리에게 말씀해 주셨다.

아버지께서는 6·25 때 의용군으로 끌려가서 죽을 고비를 넘긴 이야기를 들려주셨는데, 참으로 드라마 속에서나 나올 법한 기막힌 이야기였다.

내용인즉, 인민군 3명에서 아버지를 앞세워 한없이 가다보니 깊은 밤이 되었단다.

　아버지는 수단껏 그들의 눈을 피해 도망치려 했으나 3명이나 되는 그들의 눈을 피할 수가 없었고, 계속해서 한참을 걸어 어느 동네를 지나가던 중에 한 집이 제사를 지내는지 불이 켜 있고 맛있는 냄새도 나는 것을 발견하게 되었단다.

　전쟁 때였기에 먹을 것도 없고 배고프던 차에 한 명의 인민군이 이렇게 말했단다.

　"내가 가서 먹을 것을 가져올 테니, 여기서 잠깐만 기다리게!"

　그런데 그 집으로 들어간 인민군이 돌아오지 않자 기다리다 못한 나머지 인민군들도 허기를 참지 못해 또 그 집을 향해 가면서 나의 아버지에게,

　"너 꼼짝 말고 여기 서 있어!"

　엄포를 남기고 그 집으로 가는 바람에 아버지는 정신없이 뛰어 집으로 돌아와 지금까지 살아남게 되었다고 말씀해 주셨다.

　그 때 당시 인민군에게 동네 젊은 남자들은 다 끌려갔고, 끌려간 사람이 대부분 총살당해 죽거나 산 채로 구덩이에 파 묻히거나 죽창으로 찍혀 죽었다고 했다.

　그러한 어려운 환경 속에서도 죽음의 위기를 넘기고 돌아가실 뻔한 아버지를 구해주신 하나님께 감사드렸다.

아버지의 사업 실패

 제부터인가 아버지는 사업을 하신다고 몇 년째 집을 비우셨다.

어머니 혼자서 큰 언니와 그 많은 농사를 머슴들과 함께 지으셨는데, 힘에 지친 어머니는 겹겹 산중에서 살던 집을 미련 없이 그냥 두고 청천면 소재지로 이사해 '우리상회'라는 상호를 달고 벽지와 장판 가게를 시작하셨다.

그 땐 정말 가게가 호황 그 자체였다.

그즈음 몇 년 전부터 증평에 사시는 큰 오빠와 새그물·고기그물·반두 등의 사업을 하시던 아버지께서 집에 오시는 횟수가 점점 적어지시더니, 아예 1년이 넘도록 집에 들어오시지도 않고 소식이 끊어졌다. 나중에 알고 보니, 사업을 하시다가 빚을 잔뜩 지시고 아버지는 자취를 감추신 것이었다.

우리 가족은 아버지를 사방으로 찾아보았지만 찾을 길이 없었다. 미신을 섬기며 무당을 좋아하는 어머니는 용하다는 무당을 찾아가서 아버지의 행방을 물어 보았지만, 이 사람은 이렇게 말하고 저 사람은 저렇게 말하고 무당마다 다 틀리게 말하여 어머니의 실망은 이만저만이 아니었다.

 빚쟁이들은 우리 집으로 찾아와 어머니에게 빚 독촉을 했다. 그 빚쟁이들에게 시달려 어머니는 정신적·육체적으로 병들어가고 있었고, 그 여파는 우리 6남매에게도 미치고 있었다. 어머니는 빚독촉에 시달려 더 이상 버틸 수가 없다는 판단 아래 어려운 결정을 내리셨다.

 시골에 살 때 수십 년을 머슴을 두고 농사지었던 논밭 전지를 다 팔아, 20여 명이 넘는 빚쟁이들을 다 불러 한자리에 모아놓고 빚진 것의 70%씩을 주어 빚잔치를 하여 모든 빚을 다 청산하신 것이다.

 이 소식을 아버지는 어떻게 들으셨는지 1년 2개월 만에 집으로 들어오셨다. 그렇게 이런저런 어려운 환경도 있었지만 나의 가족들은 어려움을 이겨 나갔으며, 부모님과 형제들은 특별히 막내인 나를 아끼고 위해주며 돌봐주었다.

왼손에 소아마비가 오다

하지만 못난이인데다 몸이 허약했던 나는 죽을 고비를 여러 번 넘겨 가족들을 수심에 잠기게 했다.

항상 아버지의 등에 업혀 한약방으로, 혹은 돌팔이 한의사에게 침을 수백 번은 넘게 맞았고, 몸에 좋다는 약도 무척이나 많이 먹었고 침을 맞으러 갈 때마다 아버지께서는 무서워하는 나를 달래며 오색으로 된 사탕을 사주시곤 했다.

그렇게 자주 몸이 아파서 부모님은 나를 근심스러운 얼굴로 바라보시며 한숨지으시고 항상 수심에 가득한 눈길로 안타깝게 나를 지켜보셨다.

내가 3살 때, 왼손에 소아마비가 와서 손을 전혀 쓸 수 없게 되었다.

어느 날, 아버지는 내게 손을 내밀며 힘껏 자신의 엄지손가락을 잡아당겨 보라고 하셨다. 내 손에 얼마만큼 힘이 있는가를 보기 위해서였는데 나는 손에 힘을 줄 수 없었다.

땅에 있는 어느 물체도 내 손으로 집을 수가 없게 되자, 아버지께서는 방 안에 여러 가지 물건들을 나열해 놓고 집기 훈련을 시키기도 하셨지만 손에 피가 통하지 않아 축 늘어진 왼손은 말을 듣지 않았다.

나의 왼손은 어느 계절이건 차갑고 시렸으며 마치 얼음장 같았다. 성장해 갈수록 성장이 되지 않아 점점 작아지기 시작했다. 그렇게 나는 왼손을 쓸 수 없다는 우울함 속에서 어린 시절을 보내게 되었다.

다들 어려워서 보리밥도 배불리 못 먹고 고구마나 감자나 쑥개떡으로 때를 때우던 그 때, 우리 집은 1년에 큰 굿을 삼사 일씩 몇 차례나 했는지 모른다. 특히 나를 위한다고 하시며 굿을 많이 해서 돈도 많이 쓰셨다.

무엇보다 그렇게 굿을 많이 한 이유는, 미신을 섬기며 무당을 최고로 알고 용하다는 무당이 있다면 아무리 먼 길이라도 직접 찾아다니시는 어머니의 영향이 크다고 할 수 있다.

그 시절 어느 집이든지 방 안에 화롯불이 있었는데 우리 집 안방과 사랑채 할아버지 방에도 화롯불이 있어 고구마도 구워 먹고 밤도 구워 먹었다. 그 화롯불은 꼬마였던 내게 좋지 않은 기억을 남겨 주었는데, 안방에 있던 화롯불에 넘어지는 바람에 오른팔을 많이 데인 기억 때문이었다.

불에 데이고 난 후 며칠을 울어대 엄마를 힘들게 했다고 한다. 약도 제대로 없었던 시절이었지만 어머니의 정성으로 별 흉터 없이 자랄 수 있었단다.

  그렇게 유난히 운동신경이 둔한 나는 매일 넘어져서 무릎 또한 성한 날이 없었던 것 같다. 학교 가는 길에 비탈길이 있었는데 겨울만 되면 눈이 많이 내려서 반들반들해진 비탈길이 미끄러워, 혼자 도저히 비탈길을 내려갈 수가 없어 울면서 집으로 간 기억이 수없이 많다.

  예전에는 왜 그리 눈도 많이 오고 춥기는 그렇게도 추웠는지 누가 나와 동행하지 않으면 난 겨울에 학교에 못가는 날이 더 많았다. 학교에 가는 길엔 냇물도 있었는데 여름에 장마비에 소나무로 만든 다리가 떠내려가기 일쑤여서 장마철은 학교 결석이 잦았다. 그렇게 겨울은 겨울대로 여름은 여름대로 결석이 잦아 초등학교 때 나의 성적은 형편이 없었다.

  나는 어린 나이에 동네 친구들이나 주위에 친구들에게 "네 손이 왜 그래!!"라는 말을 들으며 놀림을 당하기 일쑤였다. 그렇게 놀림을 당할 때마다 나는 며칠이고 밥도 먹지 않고 속상해했다.

  초등학교 4학년부터는 누구하고 만나는 것도 싫어하고 노는 것도 즐거워하지 않았다.

# 예수님을 알게 되다

그런 와중에도 예수님을 만날 기회가 있었다. 내가 초등학교 4-5학년 때 조승렬이라는 25세의 믿음 좋았던 청년을 통해 예수님에 대해 알게 되었다.

그 청년은 항상 울며 기도하는 열심 있는 사람이었다. 그는 불교 집안에서 태어나 예수를 영접한 자로서 예수를 믿는다고 매를 무척이나 많이 맞고 핍박을 받았단다. 아무리 때려도 교회 가는 것을 멈추지 않으니 결국은 그의 부모님께서 아들 하나 없는 셈 친다며 호적까지 파버리고 결국은 집에서 쫓겨났단다.

그의 고향은 충주인데 고향집에서 쫓겨나 내가 살고 있는 늘목에 와서 머슴살이를 하며, 그 집 사랑방 하나를 빌려 가끔 우리들에게 궤도에 찬송을 써서 찬송가도 가르치고, 성경에 나오는 사무엘이나 요셉 등의 이야기도 아주 재미있게 해주었었다.

크리스마스 때나 추수감사 주일 등 절기 때만큼은 우리를 청천 순복음 교회로 데리고 갔고, 나는 교회에서 노트와 연필·과자를 많이 받아가지고 집으로 돌아오곤 했다.

"밤에 교회에서 집으로 오면서 무서울 때는 '천당에 가는 길 험하여도 생명길 되나니 은혜로다'라는 찬송을 하고 '주와 같이 길 가는 길'이라는 찬송을 해라. 그러면 무서움이 사라진단다. 그리고 즐거울 때는 즐겁고 기쁜 찬송을 해봐라. 그럼 마음이 기뻐진단다."

나와 친구들에게 이렇게 알려 주기도 했다.

특히 그 때 배운 '양들아 양들아 어린양들아 저기 저 진주문을 바라보아라…'라는 찬송은 지금도 생각이 난다.

그는 우리에게 '멀리 멀리 갔더니'란 찬송을 가르쳐 주면서 "여러분이 언제든지 내가 보고 싶거든 이 찬송가를 부르며 나를 생각하라"며 알려주었다.

1. 멀리 멀리 갔더니 처량하고 곤하며
   슬프고 또 외로와 정처없이 다니니

2. 예수 예수 내 주여 섭섭하여 울 때에
   눈물 씻어 주시고 나를 위로하소서

3. 다니다가 쉴 때에 쓸쓸한 곳 만나도
   홀로 있게 마시고 주여 보호하소서

   예수 예수 내 주여 지금 내게 오셔서
   떠나가지 마시고 길이 함께하소서

예수 믿고 불러 보니 그분에게 딱 맞는 가사였고 그분의 심정을 이해할 것 같았다.

그는 밤마다 산에 올라가 산기도를 한다고 했다. 그의 목소리는 항상 부흥강사 목사님처럼 은혜스럽게 쉬어 있었고 눈물 없이 기도하는 것을 본 적이 없을 정도였다. 그러나 철없는 우리들은 울며 기도하는 그분을 보며 옆에 친구를 쿡쿡 찔러가며 "또 운다."며 킥킥대고 웃기도 했다.

그렇게 짓궂은 우리들의 장난에도 그는 항상 말없이 웃었고 그것이 그의 성격이자 생활이었다. 그런 철없던 행동들이 지금 와서 보니 무척 죄송스럽기까지 하다.

그렇게 열심히 하나님을 섬기는 조승렬 청년을 보며 우리는 찬송가 가사에 그의 이름을 넣어 바꾸어 부르기도 했다. 울면서 기도하며 울면서 찬송하던 조승렬 선생님을 흉을 보며 웃던 내가, 기도만 하면 눈물이요 찬송만 하면 눈물로 강을 이루는 사람이 되었다.

그분은 우리 시골 고향에 오셔서 예수님을 확실히 우리 마음속에 심어주었다. 그 때 그분의 영향 때문인지 지금 고향 사람 중에 예수 믿는 사람이 많다. 그 이후로 부흥강사 목사님처럼 은혜스럽게 쉰 목소리의 조승렬이라는 분은 어디서 무엇을 하며 살고 계신지 그 어린 시절이 그립기도 하고 보고 싶기도 하다.

그렇게 그분을 통해 예수님을 알게 되긴 하였지만 어린 나이였던지라 그저 재미있기만 했지, 나의 마음은 어떠한 변화도 일어나지 않았다.

알 수 없는 병에 걸리다

어린 나이임에도 불구하고 오직 내 마음속에는 '죽고 싶다'는 생각으로 가득했고, 작은 일에도 토라지기를 잘했으며 세상이 나를 버린 듯했다.

점점 성장해 갈수록 내 자신에 대한 비판·학대, 그리고 나를 낳아주신 부모님이 너무 미웠고 누구하고도 말하기가 싫고 모든 사람을 다 증오하는 지경까지 되었다.

그런 상황에 빠져 지낼 때쯤 추석이 되어 사촌언니와 나의 언니들과 송편을 만들 때 내가 절망에 빠지게 되는 일이 일어났다.

사촌언니가 내게 송편을 같이 만들자고 하자 나의 큰언니가,

"쟤는 손 때문에 이런 일을 못해."

하며 나를 대신해 대답해 주었다.

그러자 사촌언니는 너무나 쉽게 이런 말을 던졌다.

"얘, 차라리 그 손, 도끼로 잘라 버려라."

"?!!!!!!"

나의 충격을 이루 말할 수 없었다.

물론 그 때 사촌언니는 장난스럽고 가볍게 말한 것이겠지만 난 그 말을 듣고 심적으로 많은 충격을 받았다. 우리 식구들에게는 아무런 표현도 안했지만 그 말을 들은 순간부터,

'내 손이 정말 도끼로 잘라 버릴 만큼 그렇게 쓸모없는 손인가?!'

하면서 그때부터 혼자만의 생각으로 지냈다.

점점 나는 말이 없어지고 누구와도 친하게 지내려 하지 않았으며 누구하고든지 말하기가 싫었고 모든 사람을 다 증오하기 시작했다. 식구들이 다 잠든 깊은 밤, 일기를 쓰며 수없이 울고 또 울면서 밤을 지새울 때도 많았다. 심지어 일기를 수십 장을 쓰면서 운 적도 있었다.

나는 나쁜 생각을 하는 내 마음을 달래 보기도 하며 긍정적인 생각으로 바꿔보려 했지만, 도무지 내 마음을 내가 어떻게 해야 할지 알 수가 없었다. 이 못난 딸을 이제까지 키워주신 부모님을 위해서라도 이러면 안 되는데 왜 이런 고약하고 망할 생각으로 꽉 차 있는지…!

나는 무엇인가에 꽉 사로잡힌 생활을 하며 스스로를 학대하고 비관하며 어둡고 캄캄한 방안에서 처량하게 앉아서 유행가를 부르며 울고 또 울었다. 아예 고독이 내 친구가 되어 버렸고 슬픈 유행가가 내 친구가 되었다. 열심히 공부해서 훌륭한 사람이 얼마든지 될 수 있다고 다짐하며 정신을 차리고 공부를 하려 해도,

책을 펴서 읽는 동안 눈은 글씨만 보고 있을 뿐, 내 생각과 정신은 나도 모르게 죽을 생각을 하고 있었다. 그렇게 유년시절, 어둡고 깜깜한 생활을 하면서 중학교에 갈 준비를 하였다.

중학교 시험을 치르고 합격 통지서를 받은 지 보름 만에 나는 병명도 알 수 없는 병이 들었다. 갑자기 머리에서부터 발끝까지 힘이 쭉 빠지고 아무것도 먹을 수도 없었고 움직일 수도 없었다. 이것저것 가릴 것 없이 좋다는 약을 다 먹어 보았지만 나는 좀처럼 자리에서 일어날 수가 없었다.

몇 달이 지나 3월 5일 중학교 입학식이 다가오자, 어머니와 온 식구들은 내게 이렇게 권하였다.

"한 해 쉬었다가 내년에 중학교를 들어가도록 하라."

"싫어요. 난 죽어도 중학교는 갈 거예요."

나는 고집을 부렸다. 그러나 5개월 이상을 누워 있었으니 일어나지도 못할 뿐 아니라 걸음마도 다시 배워야 할 지경이 되었다. 나의 병은 회복의 조짐이 보이지 않았고 비쩍 마른 체구에 눈은 푹 들어가고 죽음의 문턱을 오르내리는 지경이 되었다.

어느 날 아침, 나의 귀에 작게, 그리고 가물가물 들리는 소리가 있었다.

"형수님 어젯밤에 정숙이가 죽었다기에 장사 지낼 준비하고 왔습니다."

그렇게 말씀하시는 작은아버지의 소리에 내가 거의 죽음의 문턱까지 갔었다는 것을 알 수 있었다. 그렇게 몸져누운 나를 대신해 중학교 입학식에는 내 고집에 못 이긴 어머니가 갔다 오셨다.

눈물과 절망으로 보낸 청소년기

내가 병석에서 일어나지도 못하고 있을 무렵, 어느새 5월이 되었다.

"이렇게 학교를 많이 빠지게 되면 곤란하니 내년에 다시 입학을 하도록 하십시오."

담임선생님께서 우리 집으로 전화를 하셨다. 전화를 받으신 어머니는 나에게 오셔서 말씀하셨다.

"이런 상태로는 한 해가 지나도 학교에 못 갈 테니 포기하고 내년에 다시 학교에 가거라."

"안 돼요. 무슨 일이 있어도 난 학교에 가야 해요. 어머니, 나를 업어서 학교에 보내주세요."

나는 기어이 어머니의 마음을 돌려 한 달간 어머니의 등에 업혀 학교를 등하교했다.

하교 후 집에 오면 걸음마를 시작하였다. 다리에 힘이 없어 제대로 걷지 못해 힘을 기르려 연습하고 또 연습을 하였다. 어느 정도 걸을 수 있게 되었을 때, 나는 어머니의 등에 업혀 다니는 것이 죄송하여 혼자 학교에 가기로 결심했다. 가방을 들고 등교하기 위해 걸어갔지만 다리에 힘이 풀려, 얼마 걷지도 못하고 곧 넘어졌고 그렇게 넘어지고 일어서기를 반복하였다. 결국 나는 혼자 갈 수 없어 어머니의 손을 의지하여 학교를 갔고, 항상 어머니와 동행하여 학교를 등하교했다.

시간이 지나 나는 차츰 건강을 되찾을 수 있었고 다리에도 힘을 얻어 제법 혼자 학교를 갈 수 있었다. 7월이 되고부터야 학교를 제대로 다니며 공부를 할 수 있었기에 다른 친구들보다 공부가 비교할 수 없이 뒤처져 있었다. 다른 친구들보다 많이 뒤처진 학습량을 따라가기가 너무 힘이 들었지만 나름대로 열심히 노력했다.

그렇게 학교생활을 하던 중 나에게 사춘기가 찾아왔다.

어느 날, 처음으로 서울에서 직장을 다니고 있는 둘째 언니와 둘째 오빠에게 "나는 죽고 싶다"고 내 심정을 털어 놓으며 비관적인 편지를 썼다. 그동안 식구들에게 전혀 말도 없었고 어떤 표현도 없었기 때문에, 내가 이렇게 큰 고민에 빠져 있는 줄을 전혀 생각지도 못하고 있었다.

내 편지를 받은 언니와 오빠는 무척이나 놀라 위로와 함께 힘내라는 내용의 답장을 보내 왔지만, 그것들은 나에게 전혀 힘이 되거나 위로가 되어주지 못했다. 오히려 편지를 받는 순간, 내 마음은 더 슬퍼지기만 했다.

고등학교 시험에 합격하고는 더 타락된 생각에 사로잡혔다. 잠도 오지 않아 밤마다 울면서 일기장에 내가 느끼며 생각하는 것을 수없이 써내려갔다. 식사도 거의 하지 않았으며 먹지 않아도 배가 고프지도 않았다.

어떻게 하면 쉽게 고통 없이 죽을까만 생각하게 되었다. 나의 생각은 완전히 어두움의 주관자 마귀에게 붙잡힌 생활을 하고 있었던 것이다. 그러한 생각과 함께 마시지 못하는 술도 조금씩 마시기 시작했다.

그렇게 나는 청소년기를 방황하며 눈물과 절망으로 보냈던 것이다.

◀ 학창시절

제2장

나를 부르신 하나님

부흥회에서 은혜를 체험하다

1973년 3월 21일, 스무 살이 되던 해 청천면 소재지에 자리 잡고 있던 청천 순복음교회에서 엄신형 목사님(지금은 서울 중흥교회 시무)께서 부흥회 강사로 오시게 되었다.

옆집에 사는 집사님 한 분이 우리 집을 직접 방문하여 어머니와 나에게 같이 교회에 갈 것을 권하였다.

"그 목사님은 능력도 많고 신유은사도 강해서 많은 병자들도 고치신답니다."

꼭 한번 가보자면서 계속 우리 모녀에게 권하였지만, 50여 년이 넘도록 미신을 섬기던 우리 어머니에게 교회에 간다는 것은 어림도 없는 일이었다.

하지만 나는 속으로 너무나도 교회에 나가고 싶었다. 고집이 센 어머니는 집사님의 말에 톡 쏘아붙이면서 교회라는 말도 꺼내지도 못하게 하셨지만, 그 다음 날도 그 다음날도 그 집사님은 계속 오셔서 "딸을 위해서라도 한번 가보자"고 권했다.

"내가 무슨 변을 당하려고 교회를 가요! 우리 아들 셋을 다 절에다 이름을 올렸고, 더구나 막내아들은 용왕을 섬겨서 얻은 아들인데 내가 교회 나가면 큰 벌 받아요!"

어머니는 요지부동이셨다.

그러나 그 집사님은 계속 오셨고 어머니는 결국,

"그래 너는 남의 집에 시집 갈 거니까 교회 가려면 너나 가라."

이렇게 말씀하시면서 간신히 나만 교회 가는 것을 허락하셨다.

난 그 집사님을 따라 교회 부흥회를 처음으로 참석하였다. 벌써 교회는 뒤에까지 꽉 차 있어서 나는 간신히 뒤에 쪼그리고 앉아야 했다.

교회에 앉자마자 왜 그리 눈물이 흐르는지 눈물을 주체할 수가 없었다. 슬픔의 눈물도 아니고 기쁨의 눈물도 아닌 눈물은 계속 흘러내렸다. 스무 살이 되도록 절망감으로 슬퍼하고 아파했던 마음을 주님께 맡기고 주께 의지하고 싶은 생각에서인지 한없이 울고 또 울었다.

그렇게 한참을 울다 보니 말씀시간이 끝났고 환자를 위해 기도하는 시간이 되었다. 아픈 사람은 그 자리에 일어나라고 말씀에 많은 사람들이 일어난 가운데, 나도 그 자리에서 일어서서 강사 목사님이 안수해 주시기를 기다렸다.

처음으로 기도하는 나는 기도할 줄도 몰랐기 때문에, 하나님이 살아 계신다면 어떤 체험이라도 주셔서 주님이 살아 계신 것을 알게 해달라고 기도하며 안수를 기다렸다.

내 차례가 되었다. 목사님께서 내 머리에 손을 대는 순간, 정말 너무나 밝은 빛이 나를 향해 비추이고 있었다. 순간 너무 신기하기도 하고 살아 계신 하나님을 확신할 수 있게 되었고, 그때부터 하나님께 매달리기 시작했다. 아니, 어쩌면 어리석고 보잘것 없는 나에게 성령의 역사하심이 강권적으로 역사하기 시작했는지도 모른다.

마음의 기쁨·평화, 모든 것을 송두리째 마귀에게 빼앗겨 버린 상태였던 나는, 부흥회가 끝날 때까지 시간시간마다 성령님이 역사하시는 체험을 하게 되었다.

첫날은 그렇게 밝은 빛으로 역사하시더니, 다음날도 성령님의 역사하시는 체험이 계속적으로 이루어졌다. 기도할 줄 모르는 나는 "나의 손을 고쳐주세요"라는 말만 되풀이하고 있었는데 어디서부터인가 음성이 들려왔다.

"너의 죄는 회개할 줄 모르고 네 병만 낫기를 원하느냐? 네 더러운 죄부터 회개하라!"

나는 눈을 뜨고 여기저기를 바라보고 살펴보았으나 다른 사람들은 모두 기도만 열심히 하고 있을 뿐, 그 외 별다른 모습을 볼 수 없었다.

다시 눈을 감고 기도하니 거듭 똑같은 음성이 들려왔다. 강사 목사님께서 첫날부터 계속 회개하라고 외치셨지만 나하고는 상관없는 이야기로 들렸고 나는 정말 죄가 없다고 생각하고 있었다.

하지만 순간, 내 가슴속 깊이에서 뼛속을 파고드는 아픔이 마음속에서 용솟음치면서 지난날들의 죄악된 모습이 속속 떠오르는 것이었다.

　그저 죽으려 했던 것과 왜 나를 이렇게 낳았느냐고 반항하며 부모님을 미워하고 증오했던 것, 타락된 생각을 가졌던 것, 예수 믿는 사람을 비웃으며 욕했던 것 등등 잘한 것이라곤 한 가지도 생각나지 않고 내 속에 있던 죄 덩어리만 보이게 되었다. 그 속에 있던 죄가 어찌나 크게 보이던지, 그 때서야 회개하라는 음성이 주님의 말씀임을 깨달아 한참 동안이나 울며불며 회개했다.

　그렇게 눈물로 한참을 기도하는 사이, 모든 성도들은 하나둘 다 가버리고 사모님만이 앉아 기도하시다가 말없이 나의 등을 토닥거려 주시고 기도해 주셨다.

　그렇게 세상이 저주스럽고 죽고 싶기만 했던 마음이, 세상이 줄 수 없는 기쁨으로 충만하게 변화되어 세상이 너무나 아름답게 보이기 시작했으며, 모든 것이 예뻐 보이고 사랑스러워 보였다. 외로움·괴로움·한숨·슬픔…, 이 모든 것들은 사라져 버리고 희망과 소망만이 넘쳐흘렀다.

　교회에 가는 첫날부터 4년간을, 주님의 십자가 사랑에 감사하여 울고, 죄 많은 나를 건져주신 그 사랑에 기뻐 매일을 그렇게 울었다. 주님은 얼마나 나를 사랑하셨는지 시간시간 은혜의 체험을 하게 하셨고, 기도의 능력을 주셔서 마음에 원하는 것 모두를 내게 응답하셨다.

성령의 불로 손이 완치되다

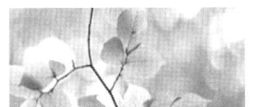

내가 교회에 나온 지 한 달이 되어갈 무렵, 엄신형 목사님께서 충북 영동 하가리교회에서 부흥집회를 하신다는 소식을 접하고, 은혜를 사모하는 마음으로 물어물어 집회가 있는 교회를 찾아갔다.

집회에 참여하며 하나님을 만나길 간절히 소원했다. 가지고 있던 모든 돈은 차비만 남기고 헌금으로 다 드리고 금식하면서 부르짖어 기도했다. 금식 중이었지만 기도 소리가 어찌나 크고 간절했던지 옆에 계신 분들이 교회에 다닌 지 얼마나 되었느냐고 물어보기까지 했다.

부흥회 기간 중 수요일이 되었다. 말씀이 끝나고 환자를 위해 기도하는 시간이 되자 많은 사람들이 일어섰고, 나도 그들 속에 속하여 맨 앞줄에 섰다. 그 땐 아픈 곳에 각자 손을 대고 기도하는 시간이었다.

난 두 손을 꼭 잡고 기도하였다.

"죽을 수밖에 없는 나를 구원하신 주님!! 나의 모든 죄를 사해 주시고 기쁨 주신 것을 감사드립니다. 그러나 주님의 영광을 위해 내 손을 고쳐 주신다면 주님을 위해 살겠습니다. 이제까지의 아픔보다 더 큰 아픔이 있다 해도 참을 수 있습니다."

그리고 이사야 53장 5절 말씀을 붙잡고 기도했다.

"그가 찔림은 우리의 허물을 인함이요 그가 상함은 우리의 죄악을 인함이라 그가 징계를 받음으로 우리가 평화를 누리고 그가 채찍에 맞음으로 우리가 나음을 입었도다"(사 53:5).

그렇게 무척이나 간절하고 뜨겁게 기도하고 있던 순간, 갑자기 불덩이가 나의 왼손에 와 닿았다. 나는 너무 뜨거워서 펄펄 뛰고 뒹굴고 난리를 피울 수밖에 없었다.

불덩이가 나의 손에 닿자, 17년 동안 아무것도 할 수 없었던 왼손에 피가 통하고 차디차던 손이 뜨거워지기 시작했다. 피가 통하고 있었던 것이다.

그때 나는 너무너무 감사하여 그 기쁨을 감출 수가 없었다. 말을 듣지 않던 작은 왼손 때문에 매사에 자신감도 없었고, 비관하며 기쁨도 없이 아무런 장래 소망도 없었던 나는 지금 죽어도 소원이 없을 것만 같았다.

그렇게 나에게 은혜를 주신 하나님은 집회 마지막 저녁 예배 때 내게 방언의 은사도 주셨다. 무릎을 꿇고 감사기도를 하던 중,

뭔가 모를 큰 힘에 못 이겨 뒤로 넘어졌는데, 동시에 나의 혀가 입천장에 붙은 듯하면서 정말 유창한 방언이 터져 나왔다.

"믿는 자들에게는 이런 표적이 따르리니 저희가 내 이름으로 귀신을 쫓아내며 새 방언을 말하며"(막 16:17).

하나님께서 약속하신 고린도전서의 말씀대로 갖가지 은사를 나에게 더하여 주셨다.

그 후 나의 기도가 이렇게 달라졌다.

"이 못나고 보잘것 없는 죄 많은 나를 사랑하셔서 죄에서 구원하시고 새 삶을 주셨으니, 이제부터 이 몸은 주님의 것입니다. 주님께서 받으시고 주의 도구로 쓰임받길 원합니다."

부흥회가 끝나고 집으로 돌아와서 하나님의 놀라운 은혜와 역사와 성령의 체험을 어머니께 말씀드렸다.

내 말을 조용히 듣고 계시던 어머니는 눈물을 흘리셨다.

나의 손 때문에 "너는 어떤 일이 있어도 대학까지 공부를 시키겠다"고 노래삼아 말씀하시던 어머니였다. 17년 동안 마음의 아픔을 표현도 못하시고 속으로 고통스러워하셨을 어머니…!

어머니는 내 손을 잡고 춤이라도 추실 듯 기뻐하셨다.

어머니의 회개 눈물

머니는 밤마다 딸의 완치된 손을 꼭 잡고 주무셨다. 그리고 새벽에 내가 못 일어나면 새벽기도에 가라고 시간 맞춰 깨워 주시기도 했다.

또한 어머니는 교회는 가지 않으셨지만 만나는 사람마다 내가 만난 하나님을 자랑하셨다. 내가 힘들었던 것보다 어머니의 마음은 더 쓰리고 아팠을 것이기에 어머니의 열성적인 행동이 이해가 되었다.

어느 주일 저녁 예배가 끝나갈 무렵, 통성기도 시간에 누군가가 통곡을 하듯 무척이나 서럽게 울기 시작했다. 나중엔 그 목소리가 쉬기까지 그치지 않고 울었는데 그 목소리의 주인공이 누구인지 맨 앞줄에 앉은 나는 무척 궁금하였다.

"세상에…!"

축도로 예배가 끝난 후에 뒤를 돌아보고 나는 놀라지 않을 수 없었다. 무당밖에 모르고 매달 초하루만 되면 떡해 놓고 빌고, 밥해 놓고 빌고, 물 떠 놓고 빌던 우리 어머니가 아니신가?!

나는 무척 놀랍기도 하고 기쁘기도 한 마음에 하나님께 감사의 눈물을 흘렸다. 그리고는 생각했다.

'이 딸을 통하여 살아 계신 하나님을 알게 되어 어머니께서도 결단하시고 주님의 품으로 달려오셨나 보다.'

집으로 돌아와 나는 어머니를 붙잡고 여쭈어 보았다.

"엄마, 어떻게 교회를 오시기로 한 거예요? 그 동기는 무엇이에요?"

"너를 보니 분명 하나님이 계신 것을 확신하게 되었단다. 하나님이 계시다면 나도 교회로 가야 되겠다는 생각을 하게 되어 큰 맘 먹고 용기를 내어 내 발로 걸어간 것이란다."

"그런데 왜 그렇게 서럽게 눈물을 흘리셨어요?"

"통성기도가 시작되는 순간, 갑자기 그동안 귀신에게 속아서 많은 것을 우상에게 갖다 바치고 허비한 것이 너무 억울하고 분해서 그렇게 눈물이 나서 울었지."

누구보다도 자존심이 강하시고 고지식한 우리 어머니께서는 성령의 강권적인 역사에 이끌리어 회개의 눈물을 흘리셨던 것이다.

어머니는 교회에 나오시는 그날부터 만성 두통·피부병·기침·천식·속앓이병(화병) 등, 병주머니였던 어머니가 깨끗하게 치료받아 새로운 모습으로 변화되셨다.

연중 16번이나 있는 제사를 없애고 가을이면 떡을 해서 화장실이며 광이며 장독대며 헛간 등에 가져다 놓던 것도 없애 버렸다.

　마치 다메섹 도상으로 가는 길에 예수님을 만나 변화된 바울의 모습처럼, 나와 어머니는 살아 계신 하나님의 사랑으로 고침받고 거듭나고 변화되어 가고 있었다.

금식기도로 위장병이 낫다

나는 교회 가는 첫날부터 새벽기도를 빠짐없이 갔고 밤마다 철야를 했다.

교회 청소, 예배 전에 방석깔기, 새벽에 종치기 등 이 모든 것을 누구에게도 양보하지 않았다. 내가 받은 주님의 사랑은 어찌나 큰지, 그렇게 날마다 봉사를 해도 그 사랑의 표현은 모자랐다.

내가 이렇게 은혜 생활을 하고 있는 동안에 내 건강에 문제가 생겼다. 학창시절에 고민하고 방황하느라고 불규칙한 식사를 했기 때문에 위장병이 생긴 것이다. 밥을 전혀 먹을 수가 없을 정도로 위에 문제가 컸다.

그러나 이런 문제로 내 마음이 흔들린다거나 고민하지 않았다. 죽을 죄인을 주님의 품으로 이끄시고 사랑으로 이끌어 주시고 인도하신 능력의 하나님께서 치료하실 것을 확실히 믿어 의심치 않았다. 살아 계신 하나님의 능력 앞에 모든 것을 내어 맡기고 일주일간을 금식하며 기도했다.

하나님은 꿈을 통해 나의 위장병을 깨끗하게 치료하셨는데 꿈의 내용은 담임 목사님이신 양찬석 목사님께서 내 머리에 손을 얹어 안수하시는 꿈이었다.

"이 딸의 머리부터 발끝까지 건강을 주옵소서. 아픈 구석구석 치료하여 주옵소서."

목사님의 기도를 받는 순간, 가슴에서 매달려 있던 주먹만한 크기의 어떠한 것이 뚝 떨어지는 것을 느끼게 되었는데, 순간 정말 꿈속이지만 너무나 속이 시원했다.

그 꿈을 꾸고 난 이후 30년이 지난 지금까지 위장병은 물론 병치레로 일관했던 내가, 다른 어떤 건강 때문에 고민하거나 걱정하는 일은 없고 병원이나 약국에 가는 일도 없었다.

그렇게 교회를 다니고부터 하나님께로부터 받은 증거로 전도했다.

세 가지의 기도 제목

나는 교회에서 목사님의 말씀이라면 무조건 순종했다. 교회 봉사하는 일도 내가 먼저 해야 마음이 편했고, 목사님께서 강단에서 말씀하시는 것이 있으면 작은 일이라도 내가 먼저 해야 했으며, 성전건축을 하는 데도 내가 제일 먼저, 제일 많이 헌금하는 것을 원했다.

담임목사님의 생신이나 명절에도 나는 그냥 지나치는 법이 없었다. 지금 생각해도 어린 나이에 참 잘했다는 생각이 든다. 어떻게 보면 그 때 믿음으로 목사님들께 잘 해드린 것이, 내가 지금 하나님께로부터 공급받는 것이 아닌가 하는 생각이 든다.

그렇게 열심히 신앙생활을 했던 나에게도 시험에 든 일이 있었다. 시골교회 성전건축을 하는데 내가 우리 교회에서 제일 많이 드리고 싶었다. 어떤 헌금보다도 나는 건축헌금에 대한 욕심이 많았는데 하나님의 몸 된 제단을 건축히는 데 하나님께 아낌없이 드리고 싶은 마음이 억제할 수 없이 들었다.

그래서 목사님께 직접 여쭈어 보기로 했다.

"우리 교회에서 누가 제일 많이 헌금했나요?"

목사님께서는 "K집사님이 얼마를 했다."라고 말씀해 주셨다.

그 이야기를 듣고 나는 그 집사님보다 더 많이 헌금을 드렸다. 그때 담임하고 계시던 목사님이 내가 헌금한 것이 너무나 기쁜 나머지, 우리 앞집에 예수 믿지 않는 분에게 말씀을 해서 그 이야기가 우리 식구에게까지 전해져서 문제가 생겨 버렸다.

나는 너무 속상한 나머지 목사님이 밉기까지 했다. 그리고 한 달 동안 헌금도 하지 않고 십일조도 엉뚱한 데 써 버렸다.

그 후 내 마음이 얼마나 무겁고 답답한지 기도도 막혀 버리고 가슴이 답답했다. 내 자신이 죄를 짓고 보니 주님과 나와의 거리가 너무나도 멀어지고 있음을 느끼게 되었다.

그렇게 불순종으로 인해 답답해진 마음을 어떻게 해결할 길이 없었다.

그때 마침 서울에 갔다가 봉천동 은광 순복음교회 부흥회 포스터를 보고 그곳을 찾아가 부흥회에 참석하기로 했다.

부흥회에 참석하는 첫날부터 나는 부서지기 시작했다.

강사 목사님의 입을 통해서 하시는 말씀이 하나같이 다 나를 두고 하시는 말씀인 것 같았다. 부흥회 첫날부터 끝나는 날까지 목사님을 향한 나쁜 감정과 십일조와 헌금을 엉뚱하게 써버린 것들을 주님께 내어놓고 얼마나 울며 회개했는지 일주일간 무척이나 울었다.

집으로 돌아와 교회에 먼저 들러서 목사님께 무릎을 꿇고 모든 것을 용서를 빌고 회개하고 나니, 내 마음이 날아갈 듯 기쁘고 감사함이 넘쳤다.

"교만은 패망의 선봉이요 넘어짐의 앞잡이니라"(잠 16:18).

그 후로 나는 세 가지 기도 제목을 가지고 평생을 기도하기로 했다.

첫째, 겸손함으로 하나님의 종이 되게 하소서.

둘째, 주의 심령을 가지고 주의 사랑을 실천하여 살아 계신 주님의 사랑을 성도들에게 보여주게 하소서.

셋째, 내게 주신 신유의 은사를 더욱 강하게 부어주셔서 병든 자에게 손을 얹은즉 고침받게 하소서.

이렇게 세 가지의 기도제목을 세웠는데, 특별히 내가 어려서부터 갖가지 질병과 불구로 인해서 고통을 당했었기 때문에, 나와 같은 분들에게 예수로 말미암아 고통 속에서 자유함을 얻게 하는 것이 나의 소원이었다.

"여호와께서 너를 지켜 모든 환난을 면케 하시며 또 네 영혼을 지키시리로다 여호와께서 너의 출입을 지금부터 영원까지 지키시리로다"(시 121:7-8).

사이비 교단에 빠진 어머니

 혜받고 감사하며 기쁨으로 교회에 다닌 지 6개월쯤 되었던 것 같다.

제천에서 직장을 다니던 오빠가 '여호와 새일교단'에 푹 빠져 집으로 돌아왔다.

오빠는 집으로 와서 어머니와 나에게 '새일교단'에 와야 산다며 계룡산 집회에 한 번만 가자고 얼마나 끈질기게 말했는지 모른다. 또한 교회 가서 은혜받고 눈물 흘리며 감사하고 있는 나에게는 기존 교회가 잘못된 거라면서 신앙을 바꾸어야 한다고 했다.

나는 교회에 다닌 지 얼마 되지도 않았었고 이단에 대해서는 들어본 일이 없었다. 왜 이단인지, 무엇이 이단인지도 몰랐다.

그런데 내 마음속에는 '여호와 새일교단'에 빠지면 영혼이 죽을 것이라는 생각이 압도했다. 왠지 모르게 그곳은 뭔가 잘못되었을 것이라는 생각이 들었다. 그 때 하나님께서 내게 은혜를 베풀어

주셨고 부족한 나를 사랑으로 잡아 주셨음에 너무나도 감사한다.

난 오빠의 제안을 완강하게 뿌리쳤다. 그러자 오빠는 어머니에게만 계속적으로 권하기 시작했다.

"한 번만 그냥 가요. 가서 구경이나 하고 오세요."

계속 어머니에게 강권하자 어머니는 결국,

"그래 내가 한 번만 갔다가 올 테니 더 이상 말하지 말아라."

하시면서 오빠의 제안을 받아들이셨다. 그리고 내게,

"내가 계룡산에 한 번만 갔다 와서 다시 순복음교회로 올 거니 걱정 마라."

하시며 나를 달래 주셨다.

하지만 내 마음속에서 그곳에 한번 빠지면 영원히 헤어 나올 수 없는 곳이라는 생각이 들어서 어머니에게 말했다.

"어머니, 그곳은 하나님이 기뻐하지 않으시는 곳인 것 같으니 절대로 가시면 안 돼요!"

그러나 어머니는 나의 말에는 귀를 기울이지 않으셨다.

어머니는 이미 계룡산에 가실 준비를 하고 계셨고 그런 어머니를 보며 난 너무나 속이 상하고 마음이 아팠다. 내가 존경하며 사랑하는 담임 목사님, 양찬석 목사님과 사모님께서도,

"거기는 이단이에요. 가시면 안 됩니다. 딸의 말을 들으세요."

수없이 권면하셨지만 어머니는 결심을 단단히 하시고 차 시간을 기다리고 계셨다.

나는 어머니의 오른손을 붙들고 가면 안 된다고 울며 말했다. 딸의 눈물 어린 호소를 들으며 마음이 약해진 어머니의 왼손을

오빠가 잡아끌며, 내가 잡고 있던 어머니의 오른손을 밀치고 어머니를 버스에 태우고 말았다. 그 모습이 마치 어머니가 죽음으로 끌려가시는 것 같아 내 마음에 슬픔이 밀려왔다. 너무너무 슬퍼서 부끄러움도 모르고 어머니가 버스 타는 앞에서,

"우리 엄마 어떡해요? 이제 엄마는 죽음이에요."
라고 외치며 두 다리를 뻗고 얼마나 울었는지 모른다.

한참을 울고 있으니 사랑이 많으신 사모님께서 나의 등을 토닥거리시며,

"이러지 말고 교회 가서 어머니의 영혼을 위해 기도하세요."
하고 말씀하시며 나를 교회로 이끌어 주셨다.

그렇게 계룡산으로 향하신 어머니의 영혼을 위해 울며 또 울며 밤마다 교회에서 찬송하며 기도하며 철야를 하였다.

일주일의 시간을 보내고 어머니는 토요일이 되어 계룡산에서 돌아오셨다. 그런데 돌아오신 어머니의 얼굴에 자상하시고 사랑스런 그 모습이 전혀 보이지 않았다. 불과 일주일 전의 모습과는 너무나도 판이하게 어머니의 얼굴은 너무나 무서워 보였다.

일주일간 금식을 하며 지내셨다는 어머니의 모습은 많이 마르시고 눈은 푹 들어갔고, 정말 나의 어머니가 아닌 것처럼 보였다. 제대로 하나님의 은혜를 받은 모습이 아니었다.

나를 막내딸이라고 그렇게 사랑하셨던 순수한 어머니의 모습. 흰 피부에 곱고 예쁘고 깔끔하시던 어머니의 모습은 어디로 갔단 말인가!? 이미 어머니는 며칠 만에 완전 사이비에 세뇌되셨다. 한 달도 아니고 며칠 만에 어쩌면 그렇게 변할 수가 있을까 싶었다.

그런 어머니에게 나는 이렇게 말씀드렸다.

"계룡산에 갔다가 구경만 하고 다시 순복음교회로 오신다고 했으니 이번 주에 순복음교회로 가세요."

그러자 어머니는 불같이 화를 내시며 찬바람 쌩쌩 나는 소리로 야단을 치셨다.

"내가 바른 진리를 찾았는데 왜 순복음교회에 가라니! 어림도 없는 소리 마라!! 그리고 내가 죽으러 갔었느냐? 사람들 많이 탄 버스 앞에서 창피하게 울긴 왜 울어? 내가 속상해서 혼났다!"

정말 바늘도 안 들어갈 만큼 말이 통하지 않을 정도로 완전히 변해 버리셨다. 그 자리에서 더 이상 말한 필요가 없어졌다고 느끼며 그 길로 난 교회로 달려가서 기도했다.

"하나님 아버지, 우리 어머니 어떡해요!"

가슴이 터질 것같이 답답하여 소리내어 엉엉 울어 버렸다.

그 일이 있은 지 몇 달 후, 오빠는 새일교단에서 새 올케언니를 맞이했다. 그 후로는 식구들은 나에게 새일교회에 나와야 된다며 재촉하였고, 어머니는 더욱더 나를 꾸짖으시며 무척이나 나를 핍박하고 괴롭혔다.

내가 스무 살이 되도록 매 한 번 안 드시고, 듣기 싫은 소리 한 번 안하시던 어머니는 내가 말을 안 듣는다고 나를 무척이나 미워하셨다. 새일교단에서 많이 인용하는 성경구절을 읽어주며, "이것 보라"며 매일매일 성화를 부리셨다.

"기존 기독교는 잘못되었다! 완전 썩있다! 너 새일교회에 안

오려면 집에서 나가라!!"
그렇게 가족들의 핍박은 말을 할 수 없을 정도였다.

"아이들아 이것이 마지막 때라 적그리스도가 이르겠다함을 너희가 들은 것같이 지금도 많은 적그리스도가 일어났으니 이러므로 우리가 마지막 때인 줄 아노라"(요일 2:18).

"사랑하는 자들아 영을 다 믿지 말고 오직 영들이 하나님께 속하였나 시험하라 많은 거짓 선지자들이 이 세상에 나왔음이라"(요일 4:1).

"우리는 하나님께 속하였으니 하나님을 아는 자는 우리의 말을 듣고 하나님께 속하지 아니한 자는 우리의 말을 듣지 아니하나니 진리의 영과 미혹의 영을 이로써 아느니라"(요일 4:16).

나는 이와 같은 성경말씀을 가지고 설득을 하려 해도 내가 말하는 것은 아예 듣지도 아니하려 하며, 우리 집 온 식구들은 미혹의 영에 현혹되어 오히려 나에게 바른 진리의 길로 돌아오라고 틈만 나면 새일교단의 목사와 전도사·집사가 우리 집으로 찾아와 나를 괴롭혔다.

나는 그들이 찾아와 말하는 것이 우습기만 했다. 교주 이뢰자(이유성)씨를 하나님처럼 섬기는 분별없는 그들이 가련하고 불쌍해 보였다.

어머니는 한 번이라도 좋으니 와보라고 했다.

"와서 듣고, 아니면 안 와도 좋으니 한 번만 오거라."

4년 동안 어머니가 나를 얼마나 핍박을 하며 미워하는지 정말 힘들었다. 핍박이 크면 클수록 나는 하나님께 더 기도하게 되었고, 그럴 때마다 하나님께서는 나에게 많은 은혜와 기도의 응답으로 역사하셨다.

"천부여 의지 없어서 손들고 옵니다. 주 나를 박대하시면 나 어디 가리까."

밤마다 두 손을 들고 나를 붙잡아 달라고 울며 울며 찬송하고 기도하기를 3-4시간씩 매일 밤 그렇게 기도했다.

그땐 난방시설도 되어 있지 않아 추운 겨울 시골교회 마룻바닥은 아무리 두꺼운 옷을 입고 덮어도 너무도 추웠다. 하지만 스무 살 처녀의 몸으로 나는 밤마다 철야를 하며 기도해야 마음이 편안했다. 너무도 추워서 '내일은 기도만 하고 집에 가서 따뜻한 방에서 편안하게 자야지.' 하는 생각을 갖지만, 다음날이 되면 또 철야하도록 성령님은 나를 교회로 인도하셨다.

작은 체구에 어디에서 그런 힘있고 애끊는 기도가 나오는지 나의 큰 기도 소리는 3-4시간씩 교회 안을 뒤흔들었다. 성령님께서 나를 완전히 사로잡으셨고, 나는 또한 그 하나님의 사랑에 푹 빠져 있었다.

학교 시절, 내 별명은 '새색시'일 정도로 말수도 없고 용기도 없고 자신감도 없고 수줍음도 많았다. 그런데 하나님을 만난 후, 나는 완전히 강하고 담대하며 무서운 것도 두려운 것도 없어졌다.

많은 사람들에게 만나는 사람마다 예수님을 전하며 전도했고 또한 나를 만나는 사람마다 교회로 인도되었다.

"완전히 예수한테 미쳤구만! 언제부터 교회 갔기에 그렇게 됐나?"

가끔 사람들은 이렇게 반문하는 사람들도 있었다.

나는 주님을 위해서라면 무섭지도 두렵지도 겁나지도 않았다. 죽을 수밖에 없었던 나를 건져 주시지 않았다면 난 이 땅에 존재하지도 않았을 인생이기에, 주님을 위해 살고 주님을 위해 죽을 각오가 되어 있었다.

그리고 나는 스데반처럼 나에게도 주님을 위해 순교할 수 있는 힘을 달라고 기도했다. 나의 생활신조는 "방백들을 의지하지 말며 도울 힘이 없는 인생도 의지하지 말지니"(시 146:3) 말씀이다.

그 말씀을 주야로 묵상하며 내 가슴에 새기고 또 새겼다. 하나님 한 분 외에는 그 누구도 의지하지 말자는 다짐을 하고 또 하였다.

    1. 웬일인가 날 위하여 주 돌아가셨나
       이 벌레 같은 날 위해 큰 해 받으셨나
    2. 내 지은 죄 다지시고 못박히셨으니
       웬일인가 웬 은혜인가 그 사랑 크셔라
    3. 주 십자가 못박힐 때 그 해도 빛 잃고
       그 밝은 빛 가리워서 캄캄하게 되었네

4. 나 십자가 대할 때에 그 일이 고마워
　　내 얼굴 감히 못 들고 눈물 흘리도다
5. 늘 울어도 눈물로써 못 갚을 줄 알아
　　몸밖에 드릴 것 없어 이 몸 바칩니다.

찬송가 141장은 내 신앙의 고백이었다. 어쩌면 이렇게 나를 두고 만든 찬송가인가! 부르면 부를수록 주님의 그 크신 사랑에 눈물로 바다를 이룰 것만 같았다.

'이 부족한 나를 위해 당하신 그 아프고 쓰린 십자가의 고통…. 얼마나 아프셨을까? 늘 울어도 눈물로써 그 주님의 은혜 다 갚을 수 없어 이 몸 드립니다.'

이 벌레 같은 나를 사랑하셔서 구원에 주심에 주체할 수 없는 뜨거운 눈물이 끝없이 흘러내렸다. 주님의 그 뜨거운 사랑에 감사하여 울며 '주님의 도구로 써 주옵소서!' 4년을 그렇게 울며 몸부림치며 기도했다.

"내 영혼아 네가 어찌하여 낙망하며 어찌하여 내 속에서 불안하여 하는고 너는 하나님을 바라라 나는 내 얼굴을 도우시는 내 하나님을 오히려 찬송하리로다"(시 42:11).

신학교에 가다

나는 불타는 사명감으로 신학교에 갈 것을 식구들에게 통보했다. 말없이 4년 동안 기도하며 준비해 왔기에 누가 뭐라고 해도 겁날 것이 없었다.

나의 통보에 어머니는 깜짝 놀라시며 반대하셨다.

"뭐야? 새일교단은 40일만 훈련받으면 목사도 되고 전도사도 되는데 4년 동안을 어떻게 공부하려고 하니? 새일교단에 가서 훈련받으면 모든 필요한 물질을 후원해 주겠지만 순복음신학교를 간다면 난 10원도 못해주니 그리 알아라!!"

어머니는 기독교에 신학을 하는 딸에게 물질을 대 주면 큰일난다는 생각을 하고 계셨다.

"아무튼 새일교단에서 훈련을 받아서 전도사가 되거라. 아니면 시집을 가든지…. 그렇지 않으면 난 신학교 졸업할 때까지 한 푼도 못 줄 테니 그리 알아라."

계속적으로 반대하시는 어머니의 의견에도 불구하고 내 마음속엔 이미 각오가 되어 있었고, 누가 뭐라고 해도 걱정이 전혀 없었기에 강하고 담대하게 대처했다.

"걱정 마세요. 주님께서는 나에게 신학교에 갈 것을 응답하셨고 어떤 일이 있어도 4년 동안 학교에 잘 다닐 거예요. 엄마가 돈을 안 주신다면 난 식모라도 해서 신학을 할 거예요."

"그래, 어디 한 번 벌어서 해봐라. 집에서 청소나 밥도 제대로 해보지 않은 것이 식모살이는 쉬울 줄 아니? 아무튼 절대로 나에게 손 벌릴 생각은 말아라."

어머니는 단호하게 말씀하셨다.

그렇게 철저히 반대하시는 어머니의 이야기에도 불구하고, 나에게 신학교에 갈 수 있는 길을 열어주시고 힘주시고 기쁨 주시는 하나님께 감사와 감격만이 넘치고 있었다.

말씀 속에서, 찬양 속에서, 기도 속에서 주님을 만났고, "나를 주님의 도구로 써주세요."라고 기도했던 나를, 주님께서는 서울 대조동에 있는 순복음신학교로 보내 주셨다. 집에서 아르바이트로 간간이 모아둔 한 학기 등록금과 기숙사비만 만들어 가지고 신학교에 입학을 했다.

몇 년의 공백기간을 보내다가 다시 공부를 하자니 아무리 정신을 차리고 이해하려 해도 교수님들의 강의 내용이 귀에 들어오지도 않고, 들어도 이해가 되지 않고 칠판을 가득 메운 영어와 한문은 도저히 내 힘으로는 따라갈 수가 없었다. 정말로 힘든 시간들이 지나가고 있었다.

"하나님 아버지! 세상에 미련한 자를 택하사 지혜롭게 하시고, 비천한 자를 택하사 부요롭게 하시는 아버지! 이 미련한 자를 여기까지 오게 하셨사오니 나에게 지혜와 총명과 명철을 주시고 이해력과 집중력과 사고력과 기억력을 새롭게 하옵소서. 하나님을 알기 전에는 쓸데없는 고민에 빠져 제대로 공부도 못했지만, 이제 하나님을 믿고 처음으로 하는 공부인데 많은 사람들에게 살아 계신 하나님을 이 종을 통하여 보여주게 하소서!"

나는 하나님께 생떼를 쓰다시피 밤마다, 새벽마다 간절하게 기도했다. 다른 신학생들과 어깨를 맞추어 공부하려고 밤을 새워 기숙사 식당에서 기도하며 공부했다.

한 학기가 끝나갈 무렵까지 그렇게 공부를 하다 보니, 하나님께서는 미련한 나에게 지혜를 주셨고 기억력과 집중력을 주셨다. 하나님이 주시는 놀라운 은혜를 나 자신을 보면서 실감하게 되었다. 이제는 강의 내용도 이해가 되었고 공부하는 재미를 알게 되었다.

매학기 초마다 벌어지는 일이 있었다. 그것은 공부를 따라갈 수 없다고 학교를 포기하는 학생들이 생기는 것이었다. 집에서 돈을 잘 부쳐주는 학생들임에도 불구하고 사명감이 없어서 학교 공부를 포기하는 학생들이 대부분이었다. 그런 학생들을 보면 '정말 배부른 투정을 하는구나.' 하는 생각이 들었다.

그런 반면에 학비 문제로 학교를 포기하는 학생도 있었다. 낮에는 각종 직장을 다니며 피곤한 몸으로 밤에 와서 피곤한 몸으로 공부하는 주경야독하는 하는 야간 학생들은 모두가 불타는 사명감을 갖고 열심히 공부하고 있었다.

아무튼 이유 불문하고 난 여기서 포기할 수 없었다. 열심히 기도하고 공부하여 어떤 일이 있어도 굴하지 않고 학교를 마치고야 말겠다는 의지와 믿음이 충만했다. 주간에서 야간으로 야간에서 주간으로 옮겨가며 1학기 공부가 끝나고 나니, 다음 학기 등록금도 걱정이고 기숙사비며 책값, 또한 계절이 바뀔 때마다 옷 문제도 큰 걱정거리였다.

그렇게 걱정하던 중에 학교 가까운 곳에 파출부를 구한다고 써 붙인 광고를 보고, 학비와 생활비를 마련해 보고자 용감하게 그 집을 찾아 들어갔다. 다행히 나를 고용해 주어 출근을 했는데 3일째 출근하던 날, 집주인이 2,400원을 주면서 이제 그만 오라는 청천벽력 같은 소리를 하는 것이 아닌가!

간신히 찾아 얻은 직장인데, 무심코 실망감이 생겼지만 바로 이해가 되었다. 그럴 수밖에 없는 것이 집에서 주는 밥이나 먹었지 밥 짓는 일이나 청소 한 번 안해 본 내가 집주인이 보기에 얼마나 맘에 안 들었겠나 싶었다.

얼마 후, 이번엔 순복음신학교 총회장 부인이 경영하는 양장점에 들어가서 일을 했다. 그런데 1달, 2달이 지나도 나에게 용돈 한푼도 줄 생각을 안하고 있는 듯했다. 나는 지금 절실하게 기숙사비가 필요한데 말이다.

그러나 다시 생각해보니, 양장점 근처에도 한번 안 가본 내가 양장점에서 일을 한다고 하였으니 얼마나 일을 엉망으로 했으면 그럴까 싶었다. 그렇다고 내가 손재주가 있느냐 하면 그렇지도 못하고 말이다. 점심때마다 먹은 라면 값도 못했던 것 같다.

전전긍긍하며 이곳저곳을 알아보았지만 내가 할 수 있는 일이 아무것도 없었다. 집에서 공부만 했고 직장생활을 한 번도 해본 적이 없으며 가진 기술도 전혀 없었다.

열심히, 그리고 간절히 주님께 기도하는 수밖에 없었다. 용돈을 벌지 못하고 전전긍긍하고 있을 그때, 10일 동안 식사를 하지 않으면 2,000원의 기숙사비를 감해 준다는 말에 억지로 10일을 굶기로 결심했다.

그런데 같은 과의 김수회 언니가 내가 처한 상황을 눈치챘는지, 자기는 10일 금식 중이라며 식사 때마다 식판에 밥을 내게 갖다 주어서 눈물의 밥을 먹은 일이 있었다.

그렇게 한 학기, 한 학기가 정말 힘겹게 지나갔다. 추운 한겨울에 겨울옷이 없어 가을옷을 입고 길을 걷는데 춥기도 하고 외롭기도 하여 너무나도 서러운 나머지 눈물을 흘렸다.

난 그때 처음으로 어머니께 섭섭한 마음이 들었다.

'아무리 그래도 그렇지…. 딸이 집을 떠나 낯선 서울에 빈손으로 와서 공부를 한다고 하는데 따뜻한 겨울옷 하나 정도 사주지 않으시다니…, 무정하기도 하셔라…'

정말 너무하지 않나 하는 생각에 매우 섭섭했다. 내가 어릴 때 어머니는 춥다고 털실로 장갑도 떠주시고 목도리도 떠주시고 양말도 겹겹이 신겨 주시던 분이셨다. 겨울에는 춥다고 따뜻한 옷으로 입혀 주시고 남에게 업신여김 받을까 봐 예쁜 옷·고운 옷으로 사주시던 다정다감했던 따스한 어머니의 손길이 그리워졌다. 그렇게 막내딸이라고 나를 사랑하시던 어머니는 사이비에 빠지면서 무정한 어머니가 되어 버린 것이다.

순간 내가 살아 계신 하나님 앞에 쓰임받는 종이 되기 위한 시험을 통과하는 느낌이 들었다. 내가 이런 와중에도 사람을 바라보지 않고, 하나님만을 사랑하고 하나님만을 바라보는 나의 모습이길 하나님은 원하고 계시는 것만 같았다. 그럴 때마다 '주님은 나를 쓰시려고 강하게 훈련시키시는구나!' 하며 그 누구도 의지하지 말라는 주님의 뜻이라고 생각했다.

"방백도 의지하지 말며 도울 힘이 없는 인생도 의지하지 말지니"(시 146:3).

이 말씀을 암송하고 또 암송하며 홀로서기를 연습했다.

▶ 신학교 시절

# 극심한 생활고

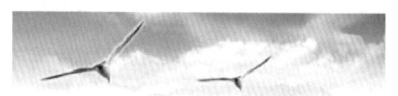

겨울뿐 아니라 계절이 바뀔 때마다 옷 문제도 작은 일은 아니었다.

하루는 여름옷이 필요하여 일주일째 기도하고 있는 중이었다. "나의 하나님 아버지, 제게 지금 필요한 것은 이 계절에 맞는 여름옷이에요. 구하는 자에게 주시는 좋으신 아버지께서 내게 여름옷 한 벌과 스타킹을 주세요. 하나님께서 제게 주시지 않으면 저는 한여름에 봄옷을 입어야 합니다. 제 머리부터 발끝까지 책임져 주시고 지키시는 하나님께서 주시리라 믿습니다."

열심히 기도하고 있는데 간호원으로 일하는 내 친구 심정순 자매가 큰 가방을 가지고 들어왔다. 나에게 방으로 들어와 보라며 내게 가방을 보여주었다.

"야, 정숙아, 이 옷 맘에 드니? 이거 한번 입어 봐."

그 순간 난 하나님께 너무나 감사하여 눈물이 났다. 너무나 감사하여 친구의 손을 붙잡고 난 고마움을 전했다.

"얘, 나 사실은 하나님께 옷 때문에 일주일간 기도했어. 정순아, 정말 고맙다."

"그래? 그렇다면 정말 다행이다. 너에게 이 옷을 사 주려고 벼르고 있었거든."

나는 그 옷을 입고 여름성경학교 때 아이들 앞에 서서 힘있게 아이들을 인도할 수 있었다.

이렇게 하나님은 나에게 도움을 주는 좋은 사람들을 많이 붙여 주셨다. 나의 필요한 것은 머리부터 발끝까지 나를 책임져 주시는 하나님 아버지께로부터 공급받았다. 그렇게 내 몸에 필요한 모든 것과 내게 필요한 모든 것을 기도하면 채워 주시는 하나님의 은혜로 살았다.

밤마다 새벽마다 강당에 가서 나는 눈물로 기도했다.

"이 종을 도와 주소서. 이 종을 붙잡아 주소서!"

속에서 끓어오르는 간절함으로 소리 높여 주님께 기도했다.

그래도 감사한 것은 이 못난이를 붙잡아 주시고 신학의 길로 인도하신 좋으신 하나님께서는 뜻과 섭리가 있어 나에게 실망치 않는 마음과 긍정적인 생각과 넘쳐흐르는 기쁨과 평강·감사 주심에 한없이 감사하여 흐르는 눈물을 주체할 수 없었다. 그렇게 기도하며 하나님의 은혜로 사는 나는 기숙사에서 '여류 부흥사'라는 호칭이 붙여졌다.

어려서부터 연약한 몸 때문에 부모님이나 언니·오빠들의 관심과 사랑을 받고 살았던 내가, 이젠 나의 힘으로 이 어려운 난관을 헤치고 세상을 살아가야 한다는 생각이 들었지만 뭔가를 통해서 힘을 얻고 싶었다.

나는 가까운 서점에 가서 책을 사서 읽기로 결심하고 서점으로 향했다.

"인생을 성공적으로 승리한 사람이 쓴 책이 있으면 찾아 주세요."

그랬더니 서점 주인은 나에게 '이 어둠을 비추이다'라는 여자 시각장애인 목사님이신 양정신 목사님의 책을 소개해 주었고, 나는 바로 그 책을 사가지고 기숙사에 돌아와서 읽기 시작했다.

그 책을 다 읽고 났을 때, 나는 정말 큰 힘을 얻었다. 어려운 가정에서 태어나 어린 나이에 시각장애인이 되었지만 모든 어려운 과정을 거쳐 고독과 고난 속에서 일본과 미국에서 공부하고, 죄 없이 감옥에서 생고생을 하고 길고긴 인생길을 성공적으로 고등학교를 거쳐 일본의전을 졸업하고 한국에서 신학대학을 졸업, 미국 주립대학을 거쳐 미국 페파다인 대학원을 졸업하고, 기독병원 간호원학교 교사와 청주 맹학교 원장, 한국 신학대학 강사를 지내고 인천에서 목사님으로 사명을 감당하신다는 내용이었다.

그 책은 나에게 큰 힘과 용기를 주기도 했지만 내 자신이 부끄럽게 느껴지기도 했다.

'시력을 잃고도 이렇게까지 성공하신 훌륭한 목사님이 계신데, 내 자신은 눈도 멀쩡하고 사지가 멀쩡한데 나는 지금 무엇을 하고 있는가?'

그러한 환경에 처하지 않은 내가 지금 못할 일이 무엇이 있겠나 싶어 힘이 생겼다.

　하나님을 믿고 의지하는 자를 주님은 결코 버리지 않으시고 응답하시는 분이심을 믿으며 그 책을 두 번 세 번 계속해서 읽었다.

　나는 신학 공부를 하면서 물질로 인한 고통을 정말 태어나서 처음으로 겪어 보게 되었다. 새 학기 때마다 필요한 등록금이 나를 괴롭게 하였다. 아직도 졸업을 하기까지는 몇 번의 등록금이 필요했다.

　"식모살이를 해서라도 신학을 하겠습니다!!"

　이렇게 기도하고 말했던 것이 작게는 후회가 되었다. 기왕이면

　"나에게 등록금을 해결해 줄 수 있는 사람을 만나서 무난하게 졸업할 수 있게 해주세요!!"

하고 기도했으면 좋았을 것을….

　나는 혼자 쓸쓸히 웃으며 생각해 보았다.

　마음이 약해질 때면 나는 의·식·주를 걱정해본 적이 없는 철없는 어린 시절이 그리워지기도 했다. 나에겐 따뜻한 고향 집도 있고, 아버지와 어머니도 계시고, 6남매가 있음에도 불구하고 난 마치 고아처럼 지내야 하는 처지가 되었다.

　그러나 이 모든 것이 하나님이 내게 주시는 홀로서기의 훈련과 정이라는 생각이 들었다. 여러 가지로 부족한 것과 필요한 것이 많이 있었음에도 불구하고 언니나 오빠들에게 도와 달라고 한마디 말해본 적도 없었고, 나의 형제들 역시 "학생이니까 돈이 필요하지 않겠냐?"고 물어본 적도 없었다.

　어찌 되었든지 난 낙심하거나 실망할 여유가 없었다. 나에게

절실히 필요한 것은 등록금이었다! 등록금을 위하여 아르바이트 자리를 찾는 나에게 나의 친한 친구 간호원 정순이가 영등포 시립병원 간호 과장님 댁을 소개했고 나에겐 너무나 반갑고 감사한 일이었기에 바로 찾아갔다.

간호 과장님은 외아들과 92세의 친정어머니와 함께 살고 계셨다. 친정어머니가 계속 일주일째 잠만 주무시고 깨어나지를 못하고 계시는데, 그런 친정어머니를 두고 출근할 수가 없어서 할머니를 지켜봐줄 사람을 구하는 중이었다고 한다.

어찌 되었건 난 그 집에 출근을 하기로 했다. 청소를 하며 계속 주무시는 할머니를 지켜보고 돌봐드리며 하루를 그렇게 일하고 다음날 아침 출근을 하였다.

그런데 나에게 또 날벼락 같은 소식이 들렸다. 그 할머니가 어젯밤에 돌아가셨다는 것이다. 난 등록금 걱정에 앞이 캄캄해지면서 걱정이 밀려왔다. 어렵게 구한 나의 일자리가 하루 만에 끝이 나게 생겼으니 말이다.

그런데 그 간호과장님은 나에게 뜻밖의 제안을 했다.

"어차피 집 볼 사람이 필요하니 최 자매가 우리 집으로 짐을 싸가지고 와서 살면 어떨까?"

기숙사비를 못 내서 어디로 가야 했지만 갈 곳이 없던 중이었는데 그 말을 들으니 너무 감사하여 눈물이 났다.

다음날 나는 이삿짐을 싸가지고 간호과장님 댁으로 갔다. 그분은 여의도 순복음교회 권사님으로 환갑이 다 되어가는 나이에도 외국어를 배우는 열정적인 분이셨는데, 나를 친딸처럼 잘 대해 주셨다. 내게 필요한 모든 것을 사주시며 나에게, "친딸 같다"며 항상 넘치는 사랑을 내게 주셨다.

그렇게 그 권사님 댁에서 지내면서 생활을 하던 중 그의 외아들이 결혼하게 되어, 오류동에서 대양치과를 운영하시는 원장님 댁을 소개받아 들어갔다. 아들만 셋 있는 그 댁에서 그 원장님 사모님은 정말 나를 딸처럼 대해 주셨다.

내가 결혼을 한 후에도 그 사모님은 나에게 예전처럼 잘해 주셨고, 우리 부부에게 때론 엘리야의 까마귀 역할을 해 주신 분이다.

치과 원장님 사모님은 아무 말 없는 나에게 내게 꼭 필요한 만큼을 채워 주도록 하나님께서 감동을 주시는 듯했다. 지금은 연락이 안 되고 있지만 늘 잊지 않고 지금도 그분을 위해 기도하고 있다.

치과 원장님 댁에서 생활을 하다가, 나는 다시 서울 응암동 교회로 이삿짐을 싸가지고 와서 교회 봉사를 하며 목사님 사택에서 신세를 지게 되었다.

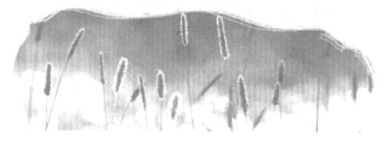 건축헌금 30만원을 드리다

느 날 응암동교회에 부흥회가 열리게 되었는데, 부흥회 기간 중 교회 성전건축을 앞에 놓고 건축헌금을 작정하는 시간이 되었다.

옷은 고사하고 스타킹 하나도 못 사 신을 그때, 교회 사모님께서 만원을 교통비로 주셔서 그것으로 생활하던 시절이었다.

그런데 이때 내가 헌금을 하지 않으면 평생 후회할 것 같은 마음과 지금 건축헌금을 꼭 해야겠다는 마음에 사로잡혔다. 내 마음속에 기쁨과 감사함이 넘쳐 건축헌금 30만원을 작정하면서 너무나 감사·감격하여 무척이나 울었다. 헌금을 작정하고 나니 마음이 날아갈 듯 감사함이 넘쳤다.

부흥회가 끝나자 사모님이 내게 오셔서 이렇게 말씀하셨다.

"최 선생, 돈도 없어 40분씩이나 학교를 걸어 다니면서 30만원씩이나 작정하고 그래? 하나님께서 최 선생의 형편을 다 아시

니깐 빨리 취소해."

"사모님, 저는 절대로 감정적으로 하지 않았어요. 마음에 감동도 되었고 작정을 한 지금 너무나 기쁘고 감사함이 넘쳐요. 절대 작정한 것을 포기할 수 없어요. 분명 하나님께서 책임져 주실 거예요."

그 후 난 하나님께서 주시는 기쁨 속에서 작정한 건축헌금을 드릴 수가 있었다.

하나님께서는 여기저기 옮겨가며 생활하는 내게 만남의 축복을 주신 것을 확신할 수 있었다. 내가 만난 사람들은 한 번을 보든 두 번을 보든 내게 필요한 모든 것을 채워주고 더 못 줘서 안타까워할 정도였다. 이것은 전적인 하나님의 크신 은혜였음이 분명했다. 매일매일 감사의 기도를 드린 내 입술의 열매인 듯했다.

신학을 졸업하기까지 나의 입에서 부정적이거나 '안 된다', 혹은 '못한다'라는 말을 해본 적이 없는 것 같다. 그렇다고 어느 누구에게도 "힘드니까 도와달라"는 말도 해본 적이 없었다. 그 누구도 의지하지 않고, 바라보지 않고 "믿음의 주요 온전케 하시는 예수를 바라보라"는 말씀만을 마음에 새기고, 열심히 주님만을 바라보며 살아가는 나에게 주시는 주님의 크신 사랑인 것을 시시때때로 느꼈다.

> "소망의 하나님이 모든 기쁨과 평강을 믿음 안에서 너희에게 충만케 하사 성령의 능력으로 소망이 넘치게 하시기를 원하노라" (롬 15:13).

고향 교회의 전도사로 오다

어렵게 신학공부를 마친 나는 여의도 순복음교회에서 제25회 감격의 졸업식을 가졌다.

졸업식에 오신 어머니는 "공부하는 동안 너를 도와주지 않아 미안하다."고 하셨다. 그러나 그것은 나를 강하게 해야만 하는 하나님의 참뜻이 있으셨던 것을 나중에야 알게 되었다.

하나님은 내가 신학교를 다니는 동안, 머리부터 발끝까지 내게 필요한 모든 것을 기도를 통해 채워 주셨고, 까마귀를 통하여 엘리야를 먹이신 사랑의 하나님께서 지금까지도 나에게 필요한 모든 것을 내 손으로 사 본 적이 없을 만큼 머리부터 발끝까지 채워 주셨다.

서울 응암동교회와 시흥 순복음교회를 거쳐 천안 순복음교회에서 전도사로 섬기다가, 나의 첫 신앙의 고향인 청천 순복음교회의 전도사로 오게 되었다.

모든 것이 부족하지만 갖가지 은혜와 하나님께서 주신 은사로 나름대로 사명을 감당했다. 특별히 내게 신유의 은사로 병 고치는 역사와 귀신들린 자를 위해 기도할 때, 귀신이 떠나가는 역사를 하나님께서 허락하셨다.

어느 날 시골에 사시는 72세의 최필례 할머니께서 등록을 하셨다. 그 할머니는 지금껏 절에 다니며 부처를 신봉해 왔다고 하셨다. 그런데 그의 오른팔이 갑자기 올리지도 못하고 내리지도 못하며 팔을 올리고 내릴 때마다 아파서 견딜 수가 없다고 고통을 호소하셨다. 예수 믿으면 고침받는다는 소문을 듣고 청천 순복음교회로 오셨다며 기도해 달라고 했다. 그분은 밤만 되면 더 아프다며 끙끙거리며 잠을 한숨도 못 주무시며 앓고 계셨다.

▶ 신학교 졸업식에 오신 어머니와 두 언니
▼ 신학교 졸업식

나는 밤낮을 철야하고 금식하며 열흘 동안 그분과 함께 기도했다. 열흘이 다 될 무렵, 그분의 손은 완전히 고침을 받았다.

그분은 내가 자기 친딸보다 더 예쁘고 고맙다며 시골에서 나는 고추며 호박이며 곡식을 가져다 주시며 고마움과 감사함을 표시하셨고 열심히 교회에 나오셨다.

또한 내가 살고 있던 동네에 김사홍이라는 성도님이 계셨는데, 그는 지독한 구두쇠로 평이 나 있던 사람이었고 장로교에 다니시는 분이셨다. 그분은 직장암을 앓고 계셨는데 나에게 찾아와 기도 부탁을 자주 하셨다.

"나는 돈이 엄청 많은 부자인데도 돈으로도 나의 병을 고칠 수가 없답니다. 우리 집에 와서 기도 좀 해주세요. 전도사님이 기도만 하면 내 병이 호전될 거예요."

그분의 계속적인 간청으로 그 댁에 가서 주의 사랑으로 기도해 드렸다. 그분은 감사하다며 자기가 끼고 있던 다섯 돈짜리 금반지를 내놓으시며 건축 중인 순복음교회 커튼을 하라고 하셨다.

그분의 신앙은 참으로 순수했던 것 같다. 한 가지 예를 들자면 이런 일의 경우이다. 그분은 돼지도 많이 키우고 있었는데 어느 날 또 나를 찾아오셨다.

"전도사님, 우리 집 돼지가 새끼를 다섯 마리 낳았는데 젖도 안 먹고 다 죽어가고 있어요. 우리 집에 와서 돼지 새끼를 위해 기도해 줘요."

이런 기도 부탁을 받고 나는 또 그 댁으로 갔다. 집에 가 보니, 그분은 안방에 돼지새끼를 데려다 놓고 작은 이불까지 덮어 주고 앉아 아기라도 되는 양 안타깝게 바라보고 계셨다.
 나는 그분의 순수한 마음과 믿음을 보며 말씀을 붙잡고 기도했다.

"네 몸의 소생과 네 토지의 소산과 네 짐승의 새끼와 우양의 새끼가 복을 받을 것이며"(신 28:4).

 기도를 마친 나는 그분께 인사를 드리고 집으로 돌아왔다.
 다음날 아침, 그분이 오셔서 돼지 새끼가 건강해져서 감사하다고 말씀해 주셨다.
 몇 달 후에 또 그분은 나를 만나러 오셨다.
 "웬일이세요?"
 "새끼를 낳은 어미돼지가 열흘째 밥도 안 먹고 죽은 것처럼 누워서 꼼짝도 안하고 있어요. 걱정이 이만저만이 아니니 기도 좀 해줘요."
 나는 그분의 순수한 믿음을 하나님께서 보시고 역사하실 것을 믿고 그분을 따라갔다.
 돼지우리 밖에서 나는 돼지를 바라보고 기도하려 했는데, 그분은 나를 돼지우리 안으로 데리고 들어가시더니 돼지 몸에 손을 얹고 기도를 해달라고 하셨다. 정말 돼지우리까지는 들어가고 싶지 않았지만 그분의 순수한 믿음을 방치할 수 없어 그분을 따라 돼지우리로 들어갔는데, 냄새가 무척 심하고 더럽기가 말로 표현 못할 정도였다. 말 그대로 돼지우리 그 자체였다. 돼지 오줌과 똥에 바닥은 질퍽거리고 고약한 냄새가 코를 찌르는데 말로 표현할 길이 없었다. 정말 냄새도 지독했고 돼지가 송아지보다 더 커서 무섭기도 했다.

그런 상황 속에서도 간절하게 기도를 하는데 죽은 척하고 있던 돼지가 갑자기 꿀꿀거리며 벌떡 일어나는 것이 아닌가! 그 바람에 돼지 똥물이 나에게 튀고….

기도하다가 깜짝 놀라 "주님의 이름으로 기도합니다. 아멘." 하여 기도를 서둘러 마쳤다.

나는 내 모습이 당황스러워 기분이 묘한 채로 서 있는데 그분은 어미 돼지가 살아났다고 얼마나 좋아하시는지! 좋아하시는 그분 앞에서 싫은 표정도 못하고 집으로 돌아온 적이 있었다.

 큰 시험

하나님께서 나에게 주의 사랑으로, 주의 심정으로, 성도들을 위해 기도할 수 있는 기도의 힘을 주심을 감사한다.

청천 순복음교회 전도사로 재직하면서 각색 병든 자, 귀신 들린 자를 위해 기도하며 성령의 능력으로 십자가의 사랑으로 기도할 때, 부족한 나를 통해 역사하시는 하나님을 만날 수 있었다.

그렇게 나는 교회에서 낮에는 선교원의 어린이들을 지도하고 오후에는 각 가정을 심방하며 다녔다.

어느 날 목사님 내외분의 둘째 아이 출산문제로 인하여 목사님 내외분이 2주 동안 교회를 비우게 되었는데, 목사님이 안 계시는 틈을 타서 교회에 큰 시험이 생기게 되었다.

그것은 교회에서 열심히 일하는 C집사님이 잘못된 영에게 사로잡히게 된 것이었는데, 그 집사님은 교회에서도 열심 있는 집사 중 한 사람이었다.

처음에는 내가 잘못된 영에 사로잡혔는지 분별하지도 못할 만큼 순종적이고 얌전하며 차분하게 행동을 했는데, 시간이 지날수록 눈빛이 달라지고 교만하게 행동을 하였다. 나에게 명령을 하였고 조롱하며 우습다는 투로 나를 대했다.

그의 기도하는 소리는 난잡하였고 방언하는 소리도 온몸에 소름이 돋을 정도로 귀에 거슬렸다. 새벽기도에 오시는 성도님들도 C집사 때문에 기도에 방해된다고 말할 지경에 이르렀고 그의 기도소리가 무섭다는 이야기도 나왔다. C집사는 날이 갈수록 말도 안 되는 말을 하고 다니면서, 자기 혼자서 예언과 투시의 은사를 받은 것처럼 날뛰고 있었다.

▼ **청천 순복음교회 전도사 시절**(뒤의 청년이 지금의 남편)

그는 평소에 나를 담임목사님보다 더 높여주고, 너무 지나치다 싶을 만큼 잘 해주면서 "최 전도사가 최고다!" 하며 칭찬으로 일색하는 집사였다. 악한 영에게 사로잡힌 그의 눈동자는 점점 이성을 잃어가면서 매서운 눈빛으로 변해갔는데, 목사님이 계시지 않는 이때에 어찌하면 좋을지 걱정이 이만저만이 아니었다.

그러던 어느 날, 교회로 출근하는 나에게 C집사가 갑자기 달려오더니 나의 멱살을 잡으면서,

"너! 이년! 이리와! 내가 오늘 널 죽여버릴 거야!"

하고 인간으로서 도저히 이해할 수 없는 행동을 하는 것이었다.

평소에 나를 아끼고 좋아하며 자기 자신보다도 나이가 어린 나에게 깍듯이 존대하던 그의 행동은 온데간데없었다. 그는 덩치도 워낙 크고 키도 큰데다가 손힘도 세서 키 작고 힘없는 내가 그의 손을 떼어 내려 해도 도저히 어찌할 수 없었다.

나는 오른손을 들고 왼손으로 그를 가리키면서 기도했다.

"이 사랑하는 딸의 영 속에 역사하는 더러운 귀신아! 나사렛 예수의 이름으로 명하노니 이 딸에게서 떠나갈지어다!!"

방언으로 힘 있게 기도했다.

상황이 너무 급하다 보니 방언기도가 먼저 터져 나와 버린 것이다. 그렇게 힘 있게 명하며 기도하니 그가 내 몸에서 손을 떼면서,

"나쁜 년! 너 다음에 보자!!"

하더니 어디론가 가버렸다.

그 즉시로 나는 기도하시는 몇몇 권사님들과 집사님들에게 전

화해 자초지종을 설명하고 밤마다 기도할 것을 전했다.

나는 그 날 처음으로 나의 나약한 모습에 실망하며 부끄러움을 느꼈다. 그리고 믿음과 은혜와 은사로 충만하다고 생각하면서 자만했던 나의 모습이 주님 앞에서 너무 부끄럽고 죄송스러웠다. 그렇게 나는 나를 철저하게 깨뜨렸다. 나 자신의 연약함을 주님께 고백하며 자만했던 나 자신을 주님께 눈물 뿌려가며 철저히 회개했다.

"주님, 여러 가지로 부족한 종을 사랑하시고 여기까지 인도하셨으니, C집사 속에 역사하는 더럽고 교만하며 추잡한 거짓된 영을 내어 쫓을 수 있는 영력을 허락하소서. 저는 부족하지만 주님은 하실 수 있습니다. 성령의 불로 역사하여 주옵소서."

눈물을 뿌려가며 처절하게 기도했다.

"**나의 기뻐하는 금식은 흉악의 결박을 풀어주며 멍에의 줄을 끌러주며 압제 당하는 자를 자유케 하며 모든 멍에를 꺾는 것이 아니겠느냐**"(사 59:6) 하신 주님의 말씀을 붙잡고 3일 동안 금식하며 하나님의 역사하심을 붙잡고 기도했다. 손을 들고 눈물 뿌려가며 기도하는 나의 기도에 성령의 역사가 있음을 믿고, C집사를 예배당 가운데에 놓고 나를 비롯한 성도들이 그를 위하여 기도하기 시작했다.

우리가 기도하는 동안에 그는 얌전하였다.

"전도사님, 죄송해요. 용서해주세요."

진정으로 회개하는 것처럼 보이려 속이는 가식적인 말과 행동이 계속되자 구역질이 날 듯했다. 시간은 점점 흘러갔지만 그의 행동에는 변함이 없고 정상적으로 돌아오지 않고 있었다.

나의 속은 타는 듯했다. 그렇게 밤마다 기도하기를 일주일이 지날 무렵의 어느 날 밤, 그를 예배당 가운데 놓고 나는 그의 등에 손을 얹고 간절하고 뜨겁게 몸부림치며 기도하기 시작했다.

"이 딸을 사랑하시는 아버지…." 하며 기도하는데 그가 얼마나 불쌍하고 가련하게 여겨지면서 C집사를 사랑하시고 그를 너무나도 아끼시는 주님의 심정이 나의 마음속에 파고들었다. 나는 그를 붙잡고 얼마나 울며 기도를 했는지 모른다.

"이 딸을 사랑하시는 아버지, 이 딸이 마음에 품고 있는 모든 더러운 죄를 회개 자복하게 하옵소서."

그의 마음속에 있는 모든 죄를 회개케 하기 위해 간절히 기도를 드렸다. 그를 사랑하며 흘리는 나의 뜨거운 눈물에 그도 통곡하며 회개하기 시작했다.

한참을 그렇게 통곡하며 회개하던 그는 방언으로 말하기 시작하였다. 그가 방언으로 하는 말들이 나에게 통역이 되어 들리기 시작하면서 주님께서 그의 인격을 존중히 여기심을 느낄 수 있었다. 그는 말했다.

"내가 지은 죄가 너무나 많이 있었음을 이제야 알게 되었습니다. 그전에는 내 죄에 대해 회개할 줄 모르고 모든 것을 주님께 달라고만 했습니다. 그중 가장 큰 죄는 뱃속에 있는 아이를 셋이나 낙태시킨 것이며 지금도 술과 담배를 끊지 못하고 먹고 마시고 있는 것이었습니다. 사람들 보기에 믿음이 좋은 사람처럼 보이고 싶어 무척 애를 썼고 나에게 믿음이 좋다고 칭찬하는 사람들의 칭찬이 너무 좋아 그 말을 계속 들으려고 노력했습니다. 그러나 그런 모습들을 돌이킨 결과, 나는 죄인 중의 죄인의 모습일 뿐입니다."

그는 가슴을 치며 울부짖었다. 교회에 다니면서도 죄를 짓고도 그것이 잘못인지, 죄인지조차 깨닫지 못했다며, 그는 지난날의 잘못을 낱낱이 고백하며 회개 자복했다.

다음날 C집사의 남편이 나를 찾아와서,

"최 전도사! 당신, 경찰에 고발하겠어! 우리 마누라를 얼마나 때렸기에 온몸에 시퍼렇게 멍이 든 거야!?"

하면서 난동을 부렸다.

그러나 주님의 역사하심이 있었기에 그의 난동에도 나는 걱정이 되지 않았다.

그 일이 있은 후 다음날, C집사의 남편이 직장에 출근하는 시간에 C집사를 만나러 그의 집을 방문했다. C집사님은 나를 보고 반색을 하며 나의 손을 붙잡고 말했다.

"전도사님, 정말 죄송했어요. 용서해 주세요."

그리고 말문을 열어 그동안에 있었던 일을 나에게 고백하기 시작했다.

"전도사님, 저는 글을 전혀 배우지 못한 사람입니다. 그래서 제 이름 석자도 쓰지 못하지요. 더군다나 글을 알지 못하기에 성경을 읽는다거나 말씀 한 절을 암송하는 일은 상상도 못합니다. 그런 저는 여러 가지 은사와 은혜로 충만한 최 전도사님이 너무나도 부러웠지요. 그래서 저는 하나님께 최 전도사님과 같은 은사를 나에게도 달라며 20일을 철야하고 40일을 철야하며 또 100일 철야까지 하며 기도했습니다.

그러던 어느 날, 전도사님이랑 같이 철야기도를 할 때에 주님께서 은혜와 은사를 제게 부어주시는 체험을 하게 되었고, 그 후 세상에서 내가 제일인 듯한 기분에 은혜가 있다는 전도사님·권사님·집사님들도 모두 우습게 보이기 시작했어요. 그렇게 저는 이성을 잃었고 주님께서 불러세운 전도사님을 얕보고 비웃고 교만하게 행동했습니다. 그렇게 교만했던 제 모습을 전도사님께 용서받고 싶습니다."

고백하는 그의 손을 붙잡고 주님의 진정한 사랑으로 C집사님을 위해 기도했다. 서로가 뜨거운 눈물을 흘리면서 주님께 기도를 드린 후, C집사님에게 말했다.

"집사님, 몸이 어떠시길래 남편분이 찾아와 경찰에 고발을 한다고 하시는 거지요?"

집사님은 양쪽 팔뚝과 다리를 보여주고 윗옷을 벗고 등을 보여주었는데, 나는 그의 등에 있는 멍자국을 보고 놀라움을 금치 못했다. 내가 C집사님의 등에 손을 얹고 기도했던 곳 전체가 시퍼렇다 못해 시커멓게 멍이 들어 있는 것이었다. 그 모습을 본 남편이 고발하겠다고 흥분할 만도 했다.

나는 C집사님을 통하여 많은 것들을 깨닫고 배우게 되었다. 아무리 열심히 있다고 할지라도 말씀이 없는 신앙은 위험하다는 것을 절실히 깨달았고, 또한 말씀이 없이 기도만 많이 하는 신앙은 악한 영들에게 속기 쉬운 아주 위험한 신앙이라는 것을 주님은 철저히 깨닫게 하셨다.

　주님은 그 사건을 통하여 자만했던 나를 자각시키시고, "영혼을 사랑하는 마음과 주의 심정을 주옵소서." 하는 나의 기도에 그렇게 영혼을 사랑할 수 있는 마음을 허락하셨다.

　기도에 응답하신 하나님께서는 어떠한 문제를 가진 사람이나 그렇지 않은 사람이나 누구를 위해 기도하든지 끊임없이 뜨거운 눈물을 허락하셨다.

　이후로도 주님은 나에게 '영분별의 은사'를 확실히 주셨는데, 그러한 은사를 주신 주님께 감사를 드린다.

 환상을 보다

나는 새벽기도 때마다 담임목사님을 위해 기도하고 직분자들과 일반 성도들을 위해 순서대로 기도했었다. 특히 초신자들을 위해 기도를 많이 하는데 기도의 내용은 대략 이러했다.

일단 그들이 교회에서 목사님의 말씀을 듣고 믿음이 생겨 회개하고 주님의 진정한 자녀가 되기 위함을 중요시하며 기도하였다.

그 당시 신앙생활을 하기 시작한 지 두 달도 채 안된 G라는 성도님을 위해 항상 안타까운 마음으로 기도를 하고 있었는데, 알고 보니 그는 나와 한 동네에 살고 있었고 폐암으로 시한부 인생을 사는 분이었다. 많이 산다 해도 한 달도 채 못살 것 같아 보였으며, 그는 믿음도 없었고 구원의 확신 또한 없어 구원의 확신을 심어주는 것이 시급한 일이었다.

그의 집을 수없이 방문하여 예배드리고 기도했다. 속히 회개하여 주님의 자녀가 되는 것이 중요했으나 그의 마음은 좀처럼 열리지 않았고 그를 볼 때마다 안타깝고 답답하기까지 했다.

그러던 중, 어느 새벽에 G집사를 위해 기도하다가 나는 소스라치게 놀랄 정도의 환상을 보게 되었다. 방이 열 칸 정도 되는 큰 집에 살고 있는 성도님은 병든 몸으로 문간방에 누워 있었다. 그런데 몸은 짐승인데 얼굴은 사람 같으면서 짐승 같은 아주 흉악한 모습을 한 생물체가 양쪽 문 앞에 하나씩 앉아서 G성도의 목숨이 끊어지기만을 기다리고 있는 환상이었다. 그 모습이 어찌나 흉악한지 나는 놀라지 않을 수 없었다.

나는 그분과 한동네에 살고는 있었지만 그분이 어떠한 분인지, 또한 무엇을 하는 분인지 아는 것이 전혀 없었다. 그러나 그분을 위해 기도하자, 하나님께서 그가 살아온 내역과 무엇을 하며 어떻게 살아왔는지에 대해 알려주셨다.

그리고 그 다음날, G성도님에 비해 비교적 교회에 잘 나오는 그의 큰며느리를 교회로 불러, 시어머니의 구원문제를 놓고 기도하라고 일러주었다. 주님께서 G성도님이 회개하길 원하고 계신다는 것과 회개해야 하는 이유에 대해 말해주었다.

그렇게 한 영혼을 천하보다 귀하게 여기시는 주님의 사랑은 끝이 없으시며, 지옥백성을 천국백성으로 인도하길 원하시고 지금도 죽어가는 영혼을 그리스도 앞으로 인도하시길 우리에게 요구하고 계신다.

"하나님의 나라는 말에 있지 아니하고 오직 능력에 있음이라" (고전 4:20).

제3장

결혼, 남편의 신학공부

저 사람이 네 남편감이다

<u>청</u>천 순복음교회 전도사로 섬기며 지낸 지 2년째 되던 해에 초신자인 지금의 남편 곽종원 목사님을 만나 결혼했다.

모두들 우리의 만남이 어색했던지 우리가 결혼하게 된 동기에 대해서 묻는 사람이 많았다. 나의 남편은 키나 덩치나 인물이 남에게 빠지지 않고 남보기에 매사에 자신이 있어 보이는 진취적이며 결단력 있고 추진력이 있는 사람이며 멋을 아는 사람인데, 그에 비해 나는 키도 작고 인물도 없고 멋이라고는 전혀 관심 없는 한마디로 시골티 나는 모습이기 때문일 것이다.

나중에 들은 얘기지만 이런 이야기도 많이 오갔다고 한다.

"곽 전도사님은 결혼을 해도 너무 잘못했어. 어디서 피죽 한 그릇도 못 먹고 살던 사람을 마누라로 얻었을까?"

남편과 내가 결혼하게 된 동기는 내가 먼저 하나님께로부터 응답을 받았기 때문이다.

"저 사람이 네 남편감이다!"

이 생각이 기도 중 쉬지 않고 계속해서 들었다. 1주일, 2주일이 지나고 한 달이 지나도 그 생각은 지워지지 않는 것이다. 나는 예수님을 만나기 전부터도 결혼을 안하겠다고 노래삼아 말한 사람이었는데 말이다.

"모든 사람들이 결혼을 안하겠다고 하다가 결혼을 하지만 난 정말 결혼을 안할 거야."

항상 그렇게 말해 왔었다.

그런데 어느 날 초신자인 그의 육촌 형수가 나를 자기 집으로 오라고 했다. 그는 나에게,

"최 전도사님, 우리 시동생하고 결혼하면 안 될까?"

하며 한번 생각해 보라고 했지만, 나는 그 자리에서 딱 잘라 말했다.

"우리 교회에 등록한 지 몇 달도 안 됐는데, 초신자와 전도사가 결혼한다는 건 말도 안 돼요."

그러나 그의 형수는 틈만 나면 나에게,

"둘이 결혼하면 너무 좋겠다."

고 말을 꺼냈고 그럴 때마다 나는 초지일관으로 대답했다.

"나는 결혼을 안할 거예요. 결혼이란 생각도 안합니다. 이대로 하나님의 일을 많이 하고 싶어요. 정말 결혼 안해요."

그리고 그 후부터 그분의 이야기는 들은 척도 하지 않았다. 그러자 그분도 지쳤는지 더 이상 내게 결혼에 대해 말하지 않았다.

처음에 '저 사람이 네 남편감이다.'라는 생각이 들었을 때는 그

의 육촌 형수가 '자기 시동생이랑 결혼했으면 좋겠다.'라는 말을 해서 그럴 것이라고 생각되어졌다. 그런데 한 달이 지나도 그 생각과 마음이 없어지거나 지워지지 않으니 정말 나는 너무 번거로웠다. 생각을 안하고 싶은데도 그게 내 마음대로 되어지지를 않았다.

그러던 어느 봄날, 나는 7명의 성도님을 모시고 오산리 금식기도원에 가게 되었다. 그 중엔 지금의 남편도 함께 있었다. 일단 기도원에 모시고 간 성도님들을 위해 기도를 했지만, 내 문제도 기도해야 될 것 같아서 힘써 기도했다.

28살이 되도록 결혼에 대해서는 꿈도 꾸지 않았었는데 그 마음이 지워지지 않으니, 이런 마음이 내 생각인지, 하나님께서 주시는 음성인지를 알아야 할 것 같아 작정하고 금식하며 기도했다.

작정 금식기도는 날이 더할수록 은혜로웠다. 그리고 하나님은 더욱더 은혜 충만·성령 충만을 내게 주셨다.

금식 4일째 되던 날, 나는 날아갈 듯이 몸이 가벼워짐을 느꼈고, 갑자기 산으로 가서 기도 하고 싶은 생각에 잠시도 지체할 수가 없었다. 산으로 달려가 자리를 잡고 앉아 기도하는데 하나님께서는 놀라운 말씀을 내게 하셨다.

"그와 결혼하라! 그는 내가 들어 쓰는 종이 되리라! 목사 중의 목사가 될 것이라!"

그리고는 수많은 고난과 가시밭길을 내게 보이시며 그 길을 참고 인내할 것을 내게 말씀해 주셨다. 나는 떨리는 마음으로 더욱 기도했다.

"아버지! 이 일을 저는 감당할 수 없습니다. 가진 것도 없구요. 그리 많이 배운 것도 없어요. 제가 무슨 힘으로 그를 돕겠습니까?"

내 기도에 하나님은 즉시로 응답하셨다.

"기도로 그를 키우라!"

나는 주님의 음성을 듣고 뭐라 표현할 수가 없었으며 감사함과 두렵고 떨리는 마음이 가득했다.

은혜로 충만함을 얻고, 주님의 응답을 받고 부흥회 마지막 날인 토요일날 버스를 타고 기도원에서 하산을 했다. 함께 기도원에 간 성도님들과 같이 하산하였는데 나는 초신자인 그와 자리를 같이했다.

이제는 그가 평소와 다르게 느껴졌다. 이성으로 사랑한다거나 좋아한다는 개념은 없었지만 뭔지 모르게 주님의 깊은 사랑이 느껴지게 되었다.

나는 버스 안에서 그와 자리를 같이하며 시종일관 그의 손을 잡고 집에 올 때까지 그를 위해 정말 간절하게 기도하며 왔다. 그는 자는 척하였지만 지금 와서 생각해 보면, 그때 그의 기분 또한 묘했을 것이라는 생각이 든다. 처녀가 손을 덥석 잡았으니 기분 또한 썩 나쁘지만은 않았을 것이다.

그렇게 기도원에서 하산을 하고 결혼에 대한 이야기를 해야겠는데 어떤 식으로 말해야 할 것인지를 생각하였다. 생각 끝에,

'주일 저녁예배 후 육촌 형님 댁으로 오세요. 중대한 일을 말씀드릴 것이 있습니다.'

라고 간단히 적은 쪽지를 그에게 건넸다.

그는 쪽지를 읽고 무슨 일인가 싶어 나를 찾아 육촌 형님 댁으로 왔다. 나는 길게 말하지 않았다.

"하나님께서 우리 결혼하래요."

간단명료하게 말한 나를 본 그는 아무 말이 없었다.

"주님은 인격적인 분이십니다. 내가 응답받았다고 일방적으로 결혼할 수 없는 일이니, 그동안 기도하시고 감동되는 대로 내게 말해주세요."

거의 일방적으로 할 말만 하고 나는 그곳을 나왔다.

그 일이 있은 후, 그는 새벽마다 기도의 응답을 받기 위해, 또한 주님의 뜻을 알기 위해 힘써 기도하는 것을 보았다. 그에게는 6년째 사귀고 있는 여자 친구가 있었으니 응답을 받는다고 해도 모든 일을 결단하기가 어려웠을 것이다.

그러나 그는 2주일 만에 그의 육촌 형수님과 함께 나를 찾아와서 말했다.

"전도사님과 결혼하기로 결정하였습니다. 지금 만나고 있는 여자 친구와 결혼을 한다는 생각을 하면 마음이 불안하여 견딜 수 없고, 그렇다고 전도사님과 결혼하는 것도 그렇게 기분이 좋지는 않지만, 기도하면 할수록 전도사님과 결혼하는 것이 주님의 뜻인 것을 확신할 수 있었습니다. 이렇게 전도사님과 결혼한다고 결정을 하고 하니 마음이 편합니다."

나를 찾아와 그는 그렇게 내게 자신의 마음과 주님의 응답이 있었음을 전하였다.

거센 반대를 이기고 결혼하다

우리가 결혼하기로 확정을 짓자, 여기저기서 반대의 소리가 거셌고 말도 많았다.

어느 날은 길을 가다가 나의 친구의 올케언니를 만나게 되었는데 그분은 나를 보고 무척 반기시더니 한 말씀 하셨다.

"전도사님! 곽종원 총각하고 결혼하기로 했다면서요? 내가 그 이야기를 듣고는 빨리 만나서 이야기해 줘야겠다고 생각한 것이 있었는데 마침 잘 만났어요."

"어떤 이야기인데요?"

"그 사람 엄청난 술태백이에요! 이렇게 착한 사람이 술먹는 꼴을 어떻게 보고 살려고 그래요? 성격도 과격하고 술버릇도 고약하다니까요! 전도사님이 뭘 몰라서 그렇지만 사람이 사랑한다고 사랑만 가지고 사는 것이 아니에요. 그 사람, 전세방 얻을 돈도 없이 매일 술만 먹고 다니고, 때로는 술에 취해서 길거리에서 잠도 자고 그래요. 나이 들어봐요 점점 술을 더 먹게 될 거예요. 한 달도 못살고 후회하게 될 테니 아예 지금부터 그만두도록 하세요."

그렇게 말씀하시는 친구의 올케언니는 걱정이 이만저만이 아니신 듯했다.

그렇지만 나는 그분께 웃으며 이야기했다.

"걱정 마세요. 살아 계신 하나님께서 그가 술을 끊고 새 사람이 되게 하실 거예요."

나는 오히려 그를 안심시키고 위로하며 그 길을 걸어갔다.

그 후로도 우리의 결혼을 반대하는 사람들은 또 있었다.

이번엔 남편의 형제들이 반대하고 나섰는데, 이유인즉 내가 예수 믿는 사람이라는 것과 예전에 내가 건강하지 못했던 사람이기 때문이라 했다.

또한 담임목사님의 반대도 이만저만이 아니셨는데 무엇 때문에 그렇게 심하게 반대를 하셨는지는 지금도 알 수가 없다.

담임목사님께서는 심지어 이렇게 말씀하시기도 하였다.

"곽 선생과 결혼을 하려거든 이 교회를 떠나세요! 이 교회에서는 결혼식도 올릴 수 없고 두 사람의 결혼에 주례 또한 설 수 없어요."

그러나 교회의 권사님들과 성도님들께서는 지지해 주셨다.

"두 사람이 결혼하는 게 어때서 반대를 하시는 겁니까? 오히려 잘된 일이 아닙니까?"

그런 권사님들과 성도님들의 적극적인 지지로 인해서 담임목사님의 주례로 결혼식을 하기로 결정을 하였다.

처음부터 나는 주님의 응답을 받은 터인지라 누가 뭐라 해도 절대 내 마음이 흔들리거나 요동하지 않았다. 그 누구도 우리의 결혼을 막을 사람이 없다는 것을 확신하게 되었다.

결혼을 하면 신혼여행은 오산리 금식기도원에 가서 금식하며 우리의 인생시작을 주님께 맡기겠다고 서로 약속을 굳게 하고, 우리는 81년 6월에 성경책을 주고받으며 약혼을 하였다. 약혼을 한 후 그해 11월 5일, 결혼식을 교회에서 무사히 마치고 피로연까지 무사히 끝냈다.

 ## 뒤죽박죽 신혼여행

모든 예식이 끝나자 그의 친구들이 차를 가지고 우리를 태우러 왔다.

그들은 신랑과 신부를 태우고 말없이 목적지로 향했다.

그런데 이게 무슨 날벼락이란 말인가! 그의 친구들은 우리를 태우고 강제로 청주 시내의 단란주점으로 끌고 가는 것이었다! 우리의 의지와는 상관없이 자기들의 마음대로 목적지를 바꿔 가는 것이었다.

남편의 친구들은 억지로 신랑에게 술을 잔뜩 먹이는데 나는 눈을 감고 "주님 이일을 어쩌면 좋아요!" 하며 기도하였다. 가슴은 두근거리고 남편과 그의 친구들이 미워 견딜 수 없을 지경이었다.

어두운 밤이 되자, 그들은 또 우리를 강제로 차에 태우고 속리산으로 향하였다. 정말 갈수록 태산이었다.

나는 차를 타고 가는 동안, 그의 친구들이 미워서 죽을 지경이

어서 말 한마디 하지 않았다.

　차에서 내리자 그들은 신랑을 속리산에 있는 카바레로 유인하였다. 옛날에 놀기 좋아하고 술 좋아했던 남편을 잘 아는 친구들은 남편을 골탕먹이려고 작정한 듯하였다. 정말 갈수록 태산이고 내 마음은 애가 타들어 갔으며 정말 말 그대로 죽을 지경이었다. 버스라도 있다면 혼자서라도 버스를 잡아타고 집으로 가 버리고 싶었다.

　카바레 문 앞에서 나는 들어갈 수 없다고 버티었다.

　"난 이런 곳에 와 본 적도 없거니와 주님이 싫어하는 곳이라 가기 싫어요!"

　문 앞에서 한 시간을 서서 기다려도 그들은 나올 기미조차 없었고, 밖에 있는 나는 너무 춥고 피곤하여 그들이 도대체 무엇을 하고 있기에 나오지 않는지 들어가 보기로 했다.

　들어가 그들을 목격하는 순간, 정말 기가 막히고 어이가 없어서 그들을 보기조차 역겨웠다. 술에 잔뜩 취한 친구들과 신랑이 서로 뒤엉켜 춤을 추고 있는 모습이 너무 불쌍하고 딱해 보이기도 했다.

　하지만 분한 마음에 '신부는 밖에서 덜덜 떨고 있는데 세상에 이럴 수가!'라고 속으로 중얼거리며 그들을 화난 얼굴로 쳐다보고 있었다. 도대체 누구를 위한 신혼여행인지 알 수 없었다. 신부를 생각하지도 않는 그들은 정말 상식 밖의 행동을 하며, 마치 마귀들의 축제에 함께 놀아나는 불쌍한 사람들로 보여졌다.

　다음날 속리산 주위를 구경하기로 하고 아침식사를 하고 나왔다.

나는 전날 하던 짓이 얄미워 버스를 타고 집으로 혼자 올까 하다가, 차마 그렇게 할 수는 없어서 신랑을 골려주기로 마음먹고 몰래 한쪽 구석에 몸을 숨기고 그를 지켜보았다.

그는 순식간에 없어진 나를 찾기 위해 혼비백산이 되어 그의 친구들과 함께 여기저기 정신없이 찾아 돌아다녔다. 그 모습이 우습고 통쾌해 몰래 지켜보며 나는 웃음을 참느라 혼났다.

그의 친구들 때문에 신혼여행은 뒤죽박죽이 되었고 결혼의 시작을 기도와 금식으로 하겠다고 다짐했건만 생각지도 못하게 술과 함께 시작된 신혼여행이라니…! 정말 엉뚱하고 어이가 없었다.

"사람이 마음으로 자기의 길을 계획할지라도 그 걸음을 인도하시는 자는 여호와시니라"(잠 16:19).

 ## 남편의 어린 시절

　나의 남편은 충북 청천면 화양계곡으로 유명한 화양동 후영에서 3남 3녀 중 막내아들로 태어났다. 남편은 어머니가 42세 되실 때 낳은 막내였고, 가난한 집안에서 먹을 것도 제대로 없어 힘들게 살았지만 집안의 막내로서 부모님의 사랑을 받고 자랐다고 한다.

　남편의 어머니는 무당이셨기 때문에 한번 집을 나가시면 일주일, 혹은 열흘 내지 보름 만에 집에 들어오셨고, 그런 어머니 밑에 있던 6남매는 어머니의 사랑을 그리워했단다.

　특히 막내였던 남편은 항상 어머니의 사랑이 무척이나 그리웠었단다. 남편은 유년시절, 20리나 되는 학교길을 걸어다녔는데 매일같이 배가 고파 학교를 다니는 것이 힘들었고, 어머니의 손길이 필요한 나이에 그 빈자리가 너무나도 크고 그리워 늘 정서적으로 불안했다고 한다. 또래 아이들에게 말썽을 부리고 여학생들에게 심술궂게 대하고 정말 말썽꾸러기 모습으로 보냈을 남편의 유년시절이 눈에 선하다.

그는 가끔 초등학교 4학년 때 이야기를 하는데, 내용은 거의 수업시간에 장난치고 떠들며 공부는 뒷전으로 미뤄뒀다는 것들로서 그 나이에 흔히 있을 법한 일들이다.

유년기의 남자아이들에게 보이는 흔한 일이긴 하지만 남편은 그때 그 시절을 떠올리며 당시 은사님의 이야기를 했다.

당시 그때에 수업시간에 늘 하던 대로 떠들고 장난을 치고 있었는데 선생님께서 호통을 치며 부르셨다.

"곽종원! 너 앞으로 나와!"

남편이 종아리 맞을 준비로 바지를 걷어붙이면서 앞으로 걸어나가는데, 사정없이 종아리를 치실 줄 알았던 선생님께서 하시는 말씀이 이러하셨다.

"너를 똑바로 교육시키지 못하고 제대로 가르치지 못한 선생님의 잘못이 더 크다. 너를 때릴 것이 아니라 오히려 내가 맞아야 한다."

선생님은 자기 자신의 종아리를 사정없이 내리치셔서 피가 났었다고 한다. 어린 나이이지만 그 모습을 본 나의 남편은 그 자리에 무릎을 꿇고 엉엉 울면서,

"선생님, 다시는 떠들지 않고 장난치지 않을게요. 공부 열심히 할게요."

하며 용서를 빌었다는 이야기를 해주었다.

그때 남편은 어린 나이였지만 선생님의 그 모습에 감동을 받아

그 행동을 교훈으로 삼고, 자기 자신도 '훌륭한 지도자'가 되겠노라며 마음에 새겼다고 한다.

그 후 남편은 청주 시내에 있는 중·고등학교를 다녔고 자취생활을 하거나 큰누님 집에서 생활하며 공부를 했다고 한다. 한참 청소년기에 많이 먹고 공부해야 했지만 먹을 것이 부족하여 매일 배가 고팠다고 한다.

열심히 공부하고자 의지를 불태웠고 고3이 되던 해에 더욱 열심히 해서 대학을 가려 했지만, 남편의 부모님이 그가 고등학교 3학년을 졸업하기 전 그 해에 모두 돌아가셨기에, 큰 꿈을 접고 대입을 포기할 수밖에 없었으며 대학의 꿈을 던져 버리고 술태백으로 전락하고 말았단다.

남편의 어머니가 시골의 큰 무당이었다는 것도 결혼 후에야 알게 되었고, 그러한 남편을 보면서 '남편이 믿음 안에서 산다 해도 영적으로 얼마나 방해를 받으며 믿음 생활을 어떻게 잘 할 수 있을까?' 더구나 목회자의 길을 걷는 것이 힘들겠다는 것을 짐작하게 되었다. 또한 남편의 식구들은 물론 그의 주위 친구들 또한 믿는 이가 하나도 없었다. 그의 주변에는 술로 찌든 사람들만이 즐비했다.

하지만 내가 결혼하기까지는, 남편이 목사 중의 목사가 될 것임을 주님께로부터 응답받았기 때문에 나는 겁도 없이 용감하게 결혼했다.

남편은 믿음과 쾌락 사이에서 방황하기도 했다. 때때로 자신을 이기려고 애쓰는 남편의 손을 잡고 밤을 꼬박 새워가며 눈물의 기도를 한 것이 한두 번이 아니다. 어떤 어려움과 고난이 온다 해도 모든 고난과 고통을 이길 것을 다짐하고 다짐했다.

그리고 우리는 남편의 둘째 누나네 방을 하나 얻어 신접살림을 시작하게 되었다.

"인내를 온전히 이루라 이는 너희로 온전하고 구비하여 조금도 부족함이 없게 하려 함이라"(약 1:4).

 ## 방황하는 남편

신혼여행을 가면서 시작된 술을 남편은 3일 간격으로 먹고 마셨다. 친구들이 찾아와 술집으로 유인했다. 때로는 남편 스스로도 친구들이 자기를 불러주길 은근히 원하기도 했다.

나는 이런 고통은 예상하고 있었기 때문에 결혼과 동시에 무조건 벙어리로 살기로 다짐하였다.

나의 친정집은 조상 대대로 술을 먹지 못하기 때문에 술에 대해 생각해 본 적이 없는데, 남편의 술버릇을 보고 놀라지 않을 수 없었다.

술을 먹으면 난폭해져서 나를 죽일 기세였는데 그렇게 난폭한 술버릇을 난생 처음 보게 되었다. 경우에 따라 나는 다른 집으로 피신을 해야 했다. 마귀를 이기지 못하고 엉뚱한 곳으로 질질 끌려 다니는 남편이 야속하기도 하였지만 너무나도 불쌍한 마음이 들었다. 오히려 남편이 너무 불쌍하여 그의 손을 잡고 밤을 꼬박 새워가며 눈물로 기도하였다.

그렇게 술을 먹고 다니던 남편은 울며 밤새워 자신을 위해 기도하는 아내가 불쌍하였던지, 스스로 짐을 싸들고 오산리 금식기도원에 가서 눈물을 흘리고 금식하며 회개하고 돌아왔다. 기도원에서 돌아온 남편은 나의 손을 잡고,

"다시는 술을 마시지 않을 거야. 이젠 당신한테 잘해 줄게."
하며 변화된 모습을 보였다.

그러나 며칠이 지나면 또 술친구들이 집으로 찾아오고, 남편은 다시 술과 함께 방황하며 나와 결혼한 것이 백번 후회된다며, 이혼이라는 단어를 노래처럼 부르고 나를 미워하며 세상 친구들과 친해지는 생활을 했다.

이러한 술과의 전쟁은 연속적으로 이어졌고, 짐을 싸들고 오산리 기도원으로 가기를 반복하며 남편은 자신과의 싸움을 했다. 그런 남편이 왜 그렇게 불쌍해 보이는지! 나를 미워하며 무시하는 말들을 한쪽 귀로 듣고 한쪽 귀로 흘려보내며, 듣기 좋은 노래로 생각하며 그렇게 지냈다.

나는 친정집과 한 동네에 살고 있었기 때문에 이런 속상한 일들이 친정식구들에게 알려질까 봐 노심초사 걱정하며, 스물여덟 살까지 귀하게 잘 키워주시고 잘 살라고 시집보내주신 부모님이 우리의 이러한 사정을 알게 되면 얼마나 가슴 아파하실까 생각하며, 못난이를 낳아주시고 길러주신 부모님이 불쌍하여 눈물을 흘렸다.

집안에는 천원 한 장 없이 해놓고, 술이나 마시고 아내를 미워

하며 나를 땅바닥에 굴러다니는 휴지조각처럼 무시하는 남편에게, "나도 친정집에서는 귀한 딸이었다!"고 말하고 소리치고 싶었다. 그러나 그런 말들이 무슨 소용이 있으랴!

하루는 우리가 결혼한 지 얼마 되지 않았을 때, 내 친구들이 밤에 우리 집에 놀러왔다가 술에 취한 남편의 난폭함에 놀라 돌아가서 내 걱정에 밤을 꼬박 새며 나를 위해 기도했다고 했다.

세상 친구와 술과 옛 습관을 잘라 버리고 끊어 버리고 결단하지 못하는 남편이 너무나 안타까웠다. 그래도 남편의 이런 모습이 밉지 않고 오히려 불쌍해 보이는 것이 주님의 은혜인 것 같았다.

"사랑의 주님, 이 벌레만도 못한 나를 죄 가운데서 건져 주시고 구원해 주신 아버지, 주의 아들을 남편으로 주시고 그의 갈 길을 내게 보여주신 하나님, 속히 주의 아들이 이 세상의 것들을 분토와 같이 버리며 주의 길을 가게 하소서."

나의 기도는 정말 간절했다.

 ## 태의 열매를 허락하시다

하나님은 우리의 가정에 태의 열매를 허락하셨다.
배가 점점 불러오기 시작하면서 나는 남편이 우리 가정에 하나님이 주신 태의 열매를 통해 하나님 앞으로 돌아서길 원했다. 한 가정의 남편으로, 또한 믿음 있는 주의 종으로 거듭나길 원하고 사모하며 기도했다. 남편도 자기 자신이 너무 미운지 머리를 벽에 쥐어박으며 후회하는 모습을 보이기도 했다.

그는 기도원에 가서 기도를 하고 돌아오면 나를 불쌍히 여기며 잘해주려고 노력하곤 하였으나 그 노력은 그리 오래 가지 못했다. 나를 사랑하시고 주의 자녀로 부르신 주님께 모든 것에 감사하고 때를 기다리며 기도할 뿐이었다.

나는 임신 9개월이 지나도록 산부인과에 한 번도 가보지를 못했다. 믿음이 좋아서라기보다는 병원에 가서 진찰을 받을 돈이 없었기 때문이다. 내 주위의 사람들은 나에게 병원에 한번도 가지 않는 나에게 병원에 가라고 성화였다.

"나이가 많은데 걱정도 안 돼요? 빨리 병원에 가 봐요."

나보다도 남들이 더 걱정하였다. 사람들의 성화에 못 이겨 나는 병원에 가서 진찰을 받았다.

"10일쯤 해산을 할 것 같군요. 그런데 산모가 나이도 많고 특히 골반이 작아서 위험합니다. 뱃속의 아기는 작아서 다행이긴 하지만 병원에 와서 아이를 낳도록 하세요."

아기가 작아서 다행이라는 말에 조금은 안심이 되었다.

진찰을 받고 난 후, 친정집으로 왔는데 8월 16일 새벽 2시부터 배가 아파오기 시작했다. 나는 십자가에 달리신 예수님을 생각하며 아파도 참자고 다짐, 또 다짐했다. '아무리 아파도 십자가에 달리신 예수님의 고통만 하랴.' 하는 생각을 하면서 말이다.

그렇게 산통을 겪다가 8월 17일 오전 8시가 되면서 배가 더욱 아파오며 온몸에 힘이 들어가기 시작했다. '어제부터 계속 아팠으니 바로 아이가 나오겠지.' 하면서 마음을 가다듬고 생각했지만 아이는 도통 나올 생각을 하지 않았다. 얼마나 힘을 주고 애를 썼는지 내 눈엔 아무것도 보이지 않았고 귀에는 아무 소리도 들리지 않았다.

기절하고 깨어나기가 몇 차례 계속되었고 친정어머니와 언니는 울면서 말했다.

"무슨 배짱으로 집에서 애를 낳으려 했냐? 애 낳다가 산모가 먼저 죽겠다."

조금 후에는 둘째 시누이가 왔는데 그도 나를 보더니 목놓아

우는 것이었다.

"아무것도 없는 집에 시집 와서 이게 무슨 고생이냐."

그런 고생을 겪고 난 후에 주님의 은혜로 오후 3시 45분에 4.5Kg의 건강한 아들이 태어났다. 병원에서는 아이가 작다고 했는데 태어난 아이는 매우 크고 건강했다. 아이가 커서 나와 아이 둘 다 고생을 했던 것이다.

그렇게 죽을 고생을 한 후 아이가 태어나자 초상집 같던 집안 분위기는 갑자기 잔칫집으로 바뀌었다. 식구들은 미역국을 끓이고 아이를 목욕시켰다.

나는 너무 고생을 한 탓으로 한 달간 내 힘으로 일어나 앉아 있을 수가 없었다.

'우리의 결혼을 응답하셨던 주님,
그가 목사 중의 목사가 되리라 하셨던 주님,
나는 가진 것이 아무것도 없다고 할 때
주님은 기도로 키우라고 하셨고
나는 자신이 없다고 할 때
내가 들어 쓰는 종이 되리라고 힘을 주셨던 주님.
내가 가는 길이 멀고 험한 가시밭길이라고 하셨고
내가 해내야 할 일은 길이 참고 인내할 것을 말씀하셨는데
나는 얼마나 인내해야 하는 걸까.
내가 모든 것을 잘 해낼 수 있을까?'

나의 기도는 끝이 없었다.

살아 계신 하나님은 이 부족한 종의 기도를 들어 응답하셨고,

어느 날 기도 중에 남편이 이제는 신학을 갈 때가 되었다는 확신을 갖게 되었다.

"일을 행하시는 여호와, 그것을 지어 성취하시는 여호와, 그 이름을 여호와라 하는 자가 이같이 이르노라 너는 내게 부르짖으라 내가 네게 응답하겠고 네가 알지 못하는 크고 비밀한 일을 네게 보이리라"(렘 33:2-3).

"너희가 내 안에 거하고 내 말이 너희 안에 거하면 무엇이든지 원하는 대로 구하라 그리하면 이루리라"(요 15:7).

 가난한 신학생

19 83년 나는 남편에게 신학교에 갈 것을 제의했다. 남편도 선뜻 이제 신학교에 가겠다고 대답했다.

나와 담임목사님은 순복음신학교에 가기를 원했지만 남편은 안양성결대 신학과에 원서를 냈고 시험결과를 기다렸다. 결과는 합격!

합격은 하였지만 무일푼인 우리에겐 물질적인 문제 때문에 걱정이 이만저만이 아니었다. 그러나 세상 속에서 방황하는 남편이 속히 주의 길을 가는 것이 중요했기 때문에, 나는 다른 어떤 것도 생각할 것 없이 남편이 속히 입학하길 원했다.

우리가 가진 것이라고는 건강한 몸과 믿음만이 큰 재산이었다. 등록금과 방세를 포함하여 친정에서 150만원을 빌려 이사를 강행했다. 학교는 안양이었지만 우리는 서울 봉천동 큰언니가 살고 있는 가까운 곳으로 이사를 해야만 했고, 남편의 등록금을 내고 보증금 30만원에 월 3만원짜리 가장 싼 월세방을 얻게 되었다. 그렇게 얻은 방에서 6-7개월을 간신히 버티며 살았다.

결국 돈도 떨어지고 쌀도 떨어지고 모든 것이 바닥이 났고, 당장 학교에 갈 교통비도 없었기 때문에 무엇을 어떻게 해야 좋을지 아무런 대책이 없었다.

오직 주님만 바라볼 뿐 방법이 없었다. 남편은 먹을 것이 없어 금식하고, 등록금 때문에 금식하며 금식을 밥먹듯 하였다.

때때로 "공부를 쉬었으면 좋겠다."고 말하는 남편에게, 나는 죽을 각오가 되어 있으니 학업의 중단은 절대로 안 된다고 고집하였다. 여기서 학업을 중단한다면 남편은 또다시 세상으로 향할 것만 같았기 때문이었다.

남편에게 간신히 밥을 해서 차려주고 도시락 싸주고 나는 거의 큰언니 집에서 밥을 먹었다. 그때 나는 큰아들 성민이에게 젖을 먹일 때였기 때문에 먹고 먹어도 돌아서면 또 배가 고팠다.

어느 때는 언니 집에서 밥을 먹으며 어린 조카의 눈치와 형부의 눈치를 볼 때가 있었다. 가끔은 밥을 먹으러 갔다가 언니도 없고 밥도 없으면 고픈 배를 움켜쥐며 물만 잔뜩 마시고 눈물을 흘리며 집으로 돌아온 적도 있었다. 큰언니는 이런 일이 있었다는 것을 전혀 몰랐을 것이라 생각된다. 쌀도 반찬도 없을 때는 쑥을 뜯어다가 쑥 빈대떡을 만들어 먹기도 했다. 그럴 때마다 뭐니뭐니해도 배고픈 설움이 제일 크다는 말을 실감하게 되었다.

'그래도 내가 결혼 전에는 먹기 싫어 안 먹었지, 배고파 본 적이 없었는데…. 가난이 뭔지도 몰랐는데….'

하는 생각에 너무나 마음이 쓸쓸했다. 60년대나 있을 법한 생활을 하고 있었던 것이다.

그래도 다행히 용산역에서 식당을 하는 둘째 언니 집에서 누룽지를 가져다가 밥 대신 끓여서 먹을 수 있었기 때문에 위로가 되었다. 언니에게는 성민이가 누룽지를 좋아해서 가지고 가는 거라면서 갈 때마다 누룽지를 있는 대로 다 싸가지고 왔고, 그렇게 가져온 누룽지로 꽤 오래 밥을 대신해서 먹을 수 있어서 좋았다.

그런데 웬일인가!

어느 날, 언니 집에 누룽지를 가지러 갔더니 이제는 누룽지가 나오지 않는다는 게 아닌가. 그 이유는 누룽지가 너무 많이 나오는 것이 아까워서 이제부터는 쌀을 쪄서 밥을 한다는 것이었다. 나는 그때 얼마나 섭섭하고 쓸쓸했는지 모른다.

아마도 "언니! 우리가 그 누룽지로 밥 대신 먹는 거야." 했다면 언니는 그 누룽지를 계속 만들어서 우리에게 주었을지도 모른다. 아니, 어쩌면 쌀을 사서 주었을지도 모른다. 하지만 행여 주님의 영광 가릴까 봐 없는 내색을 전혀 하지 않았다.

돈이 없으니 시장 갈 일도 없었고 시장에 가고 싶지도 않았다. 그렇다고 어디 가서 외상으로 간단한 것들을 가져다 먹을 수도 없었다. 돈을 갚을 능력도 없으니 아예 굶는 편이 훨씬 나았다. 가끔 정 많은 큰언니가 시장에서 생선도 사고 반찬거리를 사서 우리 집에 먼저 들러서 주고 가곤 했다.

어느 날은 반찬도 거의 없이 식사하는 남편이 너무나 안되어 보여서 시장엘 가려고 주머니며 지갑을 뒤져 보니 400원이 나왔다. 그 400원을 가지고 시장을 들렀다.

　시장 한 바퀴를 돌아보니 400원으로는 제대로 살 것이 없었다. 결국 국거리 한 단에 200원 한다기에 근대를 사기로 결정했다.

　나는 돈을 주면서 근대 한 단을 달라고 했다. 그 아주머니께서 봉지에 넣어준다고 하기에 그렇게 하시라고 하자, 근대를 봉지에 담아 주면서 다시 근대 값을 달라고 하는 것이었다.

　"아주머니께서 돈을 먼저 받아 주머니에 넣으셨어요."

　내 대답에 그 아주머니는 다짜고짜,

　"당신이 언제 나한테 돈을 줬어요?"

하고 욕까지 하면서 소란을 피우는 것이었다.

　나는 너무 당황스럽고 창피해서 그 자리를 떠나고 싶었지만 그래도 해명을 해야 하겠기에 차분히 말씀을 드렸다.

　"제가 가지고 있는 돈은 총 400원이었는데 아주머니께 200원을 드리고 제 수중에는 200원뿐이에요. 저는 예수 믿는 사람인데 이렇게 사람들 앞에서 욕먹을 일을 한 적이 없어요. 나를 좀 믿어 주세요."

　그런데 그 아주머니께서는 더 소리를 높이면서 큰소리치는 게 아닌가!

　"예수 믿는 놈들 중에 도둑놈은 더 많고 나쁜 놈도 더 많더라!"

　괜한 말을 해서 욕을 먹고 예수님까지 욕먹이고 예수님 믿는 사람들까지 욕먹게 하는 사태가 벌어졌다. 오고가는 사람마다 이상한 눈으로 나를 힐끗힐끗 쳐다보며 지나갔다. 채소장수 아주머니한테 돈과 근대를 모두 빼앗긴 채 망신만 당하고 언니 집으로 향하면서, 눈물이 앞을 가렸고 너무 속상하고 분해서 가슴이 떨리기까지 했다. 마음이 진정되지 않은 채 언니 집에 도착하여 흐르는 눈물을 참고 언니에게 자초지종을 설명하였다.

20여 년 동안 서울 봉천동에서 터줏대감처럼 살던 언니는 동생이 고생하며 사는 것도 마음이 아픈데, 200원 때문에 동생이 망신을 당했다고 생각하니 속이 많이 상했던 것 같다. 어느 채소장수인지 금방 알아낸 언니는 찾아가,

"내 동생은 그런 사람이 아니에요. 겨우 200원 때문에 사람을 그렇게 망신 줄 수 있나요?!"

라고 말을 했더니, 그 아주머니께서는 사람을 몰라봤다면서 본인의 잘못을 빌었다고 한다.

그 뒤로 난 많은 것을 생각하게 되었다.

'나에게 왜 그런 일이 생겼을까? 비참한 나의 생활에 얼마나 더 참을성이 있는지 시험하시는 걸까?'

생각하던 중 '그래도 네가 이 길을 갈 수 있겠니?' 하시는 주님의 질문이 나에게 던져지는 것이 아닌가!

남편은 매일 도시락을 싸가지고 학교에 다녔다. 첫 아들 성민이에게 우유나 요구르트 하나 못 사주는 형편이었는데 남편 도시락 반찬을 제대로 싸 주었을 리 만무했다. 반찬이라고 해봐야 좋은 것 한번 제대로 싸줘 본 적이 없어 항상 남편에게 미안하기도 했다. 도시락 반찬은 거의 고추장이나 언니가 담가 준 김치였다.

남편은 도시락 반찬이 부끄러워 항상 혼자 밥을 먹었다고 했다. 그 당시 도시락을 싸오는 사람은 10여 명 정도였는데, 남편은

학교 뒷산 기도실에서 혼자 도시락을 먹고 기도실에서 기도하고 내려왔다고 했다.

구두 한 켤레 살 돈이 없어 구두 밑창이 떨어져 비가 오기만 하면 빗물이 새어들어 양말이 다 젖었지만, 마음만 아플 뿐 내가 어떻게 해 줄 수 있는 것이 없었다. 그렇게 어렵게 공부하며 생활하는 남편은 어느 날 나에게 이런 고백을 했다.

"사실 나 학교 뒷산에서 정말 죽으려고 했었어. 아무리 앞뒤로 살펴보아도 어떻게 해볼 도리가 없고 앞만 깜깜하더군. 나는 더 이상 안 되겠다 싶었어. 당신도 남편 잘못 만나 세 끼 밥도 제대로 먹지 못하고 고생하고, 성민이도 아빠를 잘못 만나 우유 하나 제대로 먹지 못하고 고생하는 것을 생각하니 눈물이 주르르 흐르더군. 그래서 울며울며 기도하다가 산에서 그냥 내려왔다오."

그 말을 듣는 나는 마음이 더 아팠다. 남편이 불쌍해 보이기도 했지만 한편으로는 한 가정의 가장으로서 자랑스러워 보이기도 했다.

어느 날 경기도에 사는 시누이가 내가 살고 있던 곳으로 전화를 했다.

"올케! 이제 성민이 아빠도 졸업할 때가 되었으니 1학년 2학기 때 빌려간 등록금을 갚아줘야겠어. 성민이네도 힘들겠지만 우리도 지금 죽을 지경이라서 누굴 봐줄 만한 형편이 못되니 수일 내로 해결 좀 해줘."

그 후로도 전화가 수없이 왔다. 난 정말 앞이 캄캄했다. 먹을 것조차 없어 고민하는 우리에게 돈이 어디 있단 말인가! 시누이의 돈을 값을 길이 없어 고민하다가 결국 나는 병이 나고 말았다.

며칠 동안 아무것도 먹을 수가 없었고 힘이 없고 어지러워 꼼짝할 수 없는 지경에까지 이르렀다. 마음은 슬프다 못해 만신창이가 되어버렸다.

간신히 힘을 내어 성민이를 데리고 용산에 사는 언니 댁에 들렀다. 언니와의 대화 중에도 언니의 한마디 한마디에 그냥 눈물이 나서 앉아 있을 수가 없었다.

자리에서 일어나 용산역으로 가서 광장에 있는 벤치에 걸터앉아 한없이 울고 또 울었다. 실컷 울고 나니 두 시간이나 지났다. 머리는 지끈거리고 마음은 공허했다.

그때 사당동 교회에서 전도사로 있는 배은희 전도사의 말이 생각났다.

"언니, 나를 꼭 한번 만나고 가."

하지만 아무 생각도 하기 싫고 누굴 만나고 싶지도 않았던 터라 공중전화를 찾아 통화를 하기로 했다.

"배 전도사, 나야. 나 지금 너무 머리가 아프고 어지러워서 배 전도사를 만날 수가 없어. 지금 용산인데 그냥 집으로 갈게."

"언니! 무슨 소리 하시는 거예요! 지금 여기로 오지 않으면 다시는 언니를 만나지 않을 거예요. 제발 부탁이니 아무 소리 하지 말고 이쪽으로 오세요!"

하고는 전화를 뚝 끊는 것이었다.

나는 할 수 없이 힘빠진 모습으로 배은희 전도사를 만나러 갔다. 배은희 전도사는 내가 살고 있었던 곳마다 찾아와 주었고 먹을 것이 없을 때 쌀을 가져다준 좋은 고향 후배였다. 항상 고생하는 나를 위로하며 힘을 주었던 배은희 전도사가 나의 행색을 보고 깜짝 놀라며 말했다.

"언니, 얼굴이 이게 뭐야! 도대체 며칠을 굶은 거예요? 쌀이 없는 거야? 아니면 어디가 아파? 곽 전도사님이 언니한테 뭐라고 한 거야?"

배은희 전도사는 걱정이 이만저만이 아닌 듯 나에게 한꺼번에 여러 가지를 물었다.

"아니야, 그냥 그럴 일이 있었어."

나는 힘없이 그렇게 말하며 그를 안심시켰다.

그날 배 전도사는 나와 성민이에게 맛있는 저녁을 사주고 강남으로 나를 데리고 가서, 나에게 투피스 한 벌과 성민이의 옷 한 벌을 사주며 자기가 친언니인 듯 나를 위로하며 힘을 주었다. 좋으신 하나님은 나를 음으로 양으로 그렇게 지켜주셨다.

그 후 나는 빚을 내어 시누이에게 빌린 등록금을 모두 다 갚았다.

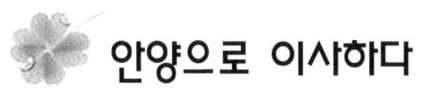# 안양으로 이사하다

어렵게 생활하고 있던 우리 가족은 더 이상 서울에서 살아갈 돈도 없었고, 옆에 사는 언니를 힘들게 하고 싶지 않아 보증금 30만원을 가지고 무작정 안양 쪽으로 이사했다.

언니는 아무것도 없이 무작정 이사를 가는 우리 가족을 보며 마음아파하며 걱정을 했다.

안양 군포 사거리에 월 3만원짜리 사글세방을 얻었고, 방을 구하기 위해 다니던 중 같은 교단의 베다니교회를 찾게 되어 교회를 정하게 되었다. 방을 구하고 얻어놓기는 했지만 매달 방값으로 3만원씩 지출해야 할 것을 생각하니 걱정이 앞섰다. 어린 성민이가 있었기 때문에 일자리를 찾을 수가 없던 터라 더욱 걱정되었다.

어느 날 청천에 계신 친정어머니를 뵈러 갔었는데 둘째 시누이가 빌려간 돈을 갚을 것을 요구했고, 나는 빌린 등록금을 갚기로 작정하고 돈을 벌기로 했다.

나는 독한 마음을 먹고 막 8개월이 지난 성민이를 어머니께 맡기고 혼자 안양으로 향했다. 안양으로 향하는 버스 안에서 여러 가지 생각들이 머릿속에 떠돌기 시작하는데 주체할 수 없는 눈물로 앞이 보이질 않았다. 안양에 도착할 때까지 계속적으로 흐르는 눈물은 그칠 줄을 몰랐다.

그렇게 안양으로 돌아온 후, 나는 교차로를 보면서 여기저기 살펴봤지만 내가 갈 곳이 별로 없었다.

어느 날은 교차로를 보고 일자리를 찾아 서울로 가서 면접을 보게 되었다. 일자리를 구하러 왔다는 나에게 그분은 나를 보더니,

"아줌마는 곱게 살던 분 같은데… 이런 데서 일할 만하지 않네요."

하며 단칼에 거절을 당했다.

힘없이 무거운 발걸음으로 집으로 돌아오면서 어머니께 성민이의 안부를 묻기 위해 전화를 했다. 전화를 받은 어머니는 대뜸,

"너 고생하는 것은 볼 수 있어도 죄 없이 어린것이 엄마 보고 싶어하는 꼴은 못 보겠다. 빨리 와서 성민이 데려가라."

하시며 성화를 내셨다.

나는 독한 마음으로 아이를 맡기고 안양으로 왔기에 성민이를 데리러 갈 수 없었다. 이런 나에게 남편은 도리어 화를 내며,

"돈이야 다음에 생기면 갚으면 되지! 당신 알고 보니 무척 독한 데가 있네?!"

하면서 직접 가서 성민이를 데리고 집으로 왔다.

며칠이 지난 어느 날, 베다니교회의 목사님께서 우리의 형편을 보시고 제안을 하시는 것이었다.

"교회 강대상 옆에 작은 기도실이 있는데, 방으로 꾸며 살아보는 것이 어떻겠습니까?"

할렐루야! 우리 부부는 하나님께 너무나 감사했다.

우리는 그 다음날 방세로 남아 있던 돈 20만원으로 2평 남짓한 기도실에 손수 보일러를 놓고 방으로 꾸미고, 2층 난간에 천막을 치고 부엌을 만들어 이사했다.

살림이라야 남편 책상 하나와 화장대뿐이었는데도 방이 너무 작아, 남편은 다리를 펼 수 없어 문지방에 다리를 올려놓아야 잠을 잘 수 있었고 방이 작아 나는 거의 기도하며 교회에서 지냈다.

성격이 급한 남편은 내게 모든 짜증을 냈지만, 그래도 잘 참고 견디며 학교에 열심히 다니는 남편이 고맙기만 했다.

남편은 낮에는 보험 세일즈맨도 하고 책 세일즈맨도 하며 주간에서 야간으로 옮겨 공부를 했다. 그렇지만 경제적인 부분들은 해결되지 못했고 그 많은 형제들 중에서도 도와주는 이가 없었다.

우리 부부는 도움을 원하지도, 형제들에게 어려우니 도와달라고도 하지 않았다. 그렇게 하나님은 철저히 홀로서기 훈련을 시키셨다. 너무 힘겹고 지치기도 하였다.

남편은 학기 초마다 등록금 때문에 금식을 해야 했고, 쌀은 한 되씩 사서 간신히 아침만 먹고 남편 도시락을 싸주었다. 그렇게 하면 남은 밥이 없었고 그럴 때마다 매일 사르밧 과부의 마지막 양식을 연상케 했다. 점심때는 교회 집사님 댁에 가서 식사를 때우기도 하였고 눈치 봐서 그냥 집으로 오기도 했다. 성도들의 가정도 하나같이 어렵고 힘든 가정들뿐이었으며 목사님께서도 어렵게 지내는 형편이었다.

큰아들 성민이는 아기였을 때부터 얼마나 부지런했는지 8개월 때부터 걸음마를 하기 시작했다. 걸음마를 시작하면서 화장대에 올라가 노는 것을 좋아했는데, 어느 날은 화장대 밑 서랍을 열고 화장대 위에 올라갔다가 급하게 내려오는 바람에 열려 있는 서랍에 부딪혀 다리를 다쳤다. 성민이는 제대로 걷지 못하고 발걸음을 옮길 때마다 아프다며 울어댔다.

아무래도 다리에 금이 간 듯하여 병원에 가서 엑스레이를 찍어 보고 싶었지만 병원에 갈 돈이 없어 치료를 일주일이나 미루었다. 그러던 중 교회 집사님들께서 우리의 처지를 아시고 돈을 만들어 주셔서 그제서야 병원에 갈 수 있었다.

병원에서 진단을 받아보니 다리 두 군데에 금이 가 있었다.

깁스를 하고 치료를 받았지만 성민이가 가만히 있지 못하는 통에 열흘이 못되어 깁스가 다 망가져 버려 집에서 깁스를 풀게 되는 지경에 이르렀다. 하지만 건강하게 뼈가 잘 붙어 주었다.

항상 쌀이 없어서 우리 가족은 굶을 때가 많았다. 하지만 어린 성민이에게는 무엇이라도 먹여야 했다. 도저히 먹일 것이 없어 라면만 3일을 먹였더니 설사를 하고 병이 나고 말았다.

아파도 병원에 갈 형편도 못 되어 마음이 아팠지만 성민이는 그럴 때마다 기도해 달라고 하였다. 조금만 아파도 기도해 달라고 했고 기도하면 아픈 것이 싹 나았다. 그렇게 성령님은 역사하시며 치료하여 주셨다. 어릴 때부터 그렇게 믿음이 좋고 예뻤던 성민이는 예방주사 외에는 지금까지 병원에 가는 일이 없었다.

하루는 쌀도 다 떨어지고 남편 학교 갈 차비도 필요했는데 가지고 있는 돈이 딱 5,000원뿐이었다. 전 재산 5,000원을 들고 남편은 청주의 둘째 형님께 돈을 좀 빌리겠다고 청주로 떠났다.

저녁이 되어 돌아온 남편은 청주 왕복 차비로 우리 집의 마지막 돈인 5,000원을 없애버리고 빈털터리로 돌아왔다.

"돈 얘기는 말도 못 꺼내고 형님을 먼발치에서 보고 그냥 돌아왔어."

어린 성민이랑 수제비 국을 끓여놓고 앉아 남편을 기다리고 있다가 그 말을 듣는 순간, 눈물이 앞을 가려 먹지도 못하고 나는 더 이상의 할 말을 잊었다.

지하에서 2층까지 물을 길어다 먹고 설거지한 구정물은 도로 지하에 가서 버리는 힘든 생활을 3년 하고 보니 마음도 지치고 몸도 지쳐 나는 만성빈혈에 시달렸다.

한번은 김 장사를 하겠노라고 남편은 5만원을 빌려 도매가게에 가서 김을 사다가 팔기 위하여 리어카를 끌고 시장에 갔다. 그러나 김은 하나도 팔지 못하고 집으로 돌아오는 길 언덕을 올라오며 '천당에 가는 길 험하여도 생명 길 되나니 은혜로다' 찬송하며 눈물 흘리며 집으로 돌아왔다. 결국 팔지 못한 김은 성민이를 등에 업고 다니면서 내가 다 팔 수밖에 없었다.

어느 날 남편의 등록금을 마련하기 위하여 집을 나섰는데 남편

밥을 해놓고 가기 위해 전기밥솥에 밥을 한 솥 해놓고, 반찬으로는 고추장이 전부여서 고추장을 상 위에 올려놓고 갔다. 다음날 집에 돌아오니 남편은 고추장 하나로 그 밥을 다 먹었다. 그때 나의 마음이 얼마나 아팠는지 지금도 그 생각을 하면 눈물이 난다.

그렇게 성민이를 업고 다니며 김이나 체육복 등 여러 가지를 팔아봤지만 별로 생활의 보탬이 되지 못했다.

언젠가 하루는 친정아버지께서 내가 살고 있는 곳을 물어물어 찾아오셨다. 갑자기 찾아오신 아버지를 보고 놀랍기도 하고 반갑기도 하였지만 대접할 만한 쌀도 반찬도 남아 있질 않았다. 급하게 쌀 한 되를 사러 갔는데 쌀집 주인이 나에게 말했다.

"아주머니 남편은 뭐하는 사람이기에 매일 쌀을 한 되씩 사가는 거요? 아예 한 말을 줄 테니 다음에 갚으시오."

나는 너무 부끄러워 아무 말도 하지 못하였다.

한 말을 외상으로 주겠다는 주인의 말에도, 나는 다음에 갚을 것이 걱정이 되어 쌀 한 되만 사겠다고 하며 쌀을 구입하려는데 마침 그곳을 지나가는 교회 사모님이 그 모습을 보시고는,

"사택에서 점심을 준비할 테니 아버지를 모시고 사택으로 오세요."

하셨다.

그날따라 모든 사람에게 부끄러운 날이었다.

그때 그렇게 찾아오신 나의 아버지는 위장병으로 몸 상태가 좋지 못하셨는데, 궁핍하고 초라하며 궁색한 나의 모습을 친정아버지께 보여 드리는 것이 너무나 마음 아프고 죄송스럽기도 했다. 2

평도 안 되는 단칸방이며, 2층 뒷계단에 포장을 쳐서 만든 허술한 부엌이며, 그 모든 것이 아버지의 마음을 아프게 하는 것 같았다.

아버지는 아무런 말씀도 없이 나에게 용돈을 조용히 건네주시고 가셨다. 친정부모님께 자식 노릇 한번 제대로 못한 채 이대로 부모님이 돌아가신다면 내 가슴에 한으로 남을 것만 같았다.

그 후 여러 가지 고통과 어려움을 동반한 채 남편은 신학교 3년을 마칠 수 있었다. 가장 힘들고 어려운 가운데 4학년 1학기 등록금 마감일이 일주일밖에 남지 않게 되었다.

나와 남편은 여기저기 등록금 마련을 위해 알아보았지만 등록금 마련이 꽉 막힌 상태였다. 그러한 가운데 나와 남편은 등록금 마련을 위해 일주일 금식을 할 수밖에 없었다.

그러던 어느 날 남편이 싱글벙글 웃으며 학교에서 돌아왔다. 무슨 좋은 일이라도 있나 싶어 물어보니 등록금을 내지 못하고 있는 것을 안타깝게 생각하고, 학교 교수님이시자 독일교회 목사님이신 송덕준 목사님께서 일단 등록을 시켜 주겠다고 말씀하셨다는 것이었다.

그 말을 듣는 순간, 얼마나 감사한지 마음속 깊이 송덕준 목사님께 감사를 드렸다. 그 후에도 교회를 개척하고 몇 년 동안 힘들었을 때 선교비를 지원해 주셨는데, 그렇게 베풀어주신 독일교회의 송덕준 목사님과 많은 성도님들께 감사를 드린다.

 광야생활

아직도 남편이 졸업하기까지는 1년의 기간이 남아 있었다. 그 1년을 공부할 곳을 찾아야만 했다. 우리가 몸담고 있던 교회가 다른 곳으로 이사를 하기 때문이었다.

남편은 다시 나에게 "공부를 쉬었다 하자."고 했다. 난 정말 "쉬었다 하자."는 그 말이 가장 듣기 싫었다.

남편이 공부를 쉬었다가 한다고 해도 나아질 게 없었고, 학교를 쉰다고 한들 남편의 마음만 더 흔들릴 것 같았다.

결국 내가 신학교에 다니던 시절 섬겼던 서울 K교회에 잘 말씀드려 교회 사찰로 들어가기로 했다.

1월 1일 추운 겨울에 살림살이를 싣고 응암동에 위치한 K교회로 이사해서 우리는 일단은 의·식·주의 문제를 해결하였다. 너무나 감사하여 나와 남편은 죽기 살기로 교회에 할 수 있는 것은 열심을 다 했고, 나와 남편은 입과 코 속이 매일 헐어 있었다.

교회 청소며 구역 인도자, 학생회 지도교사, 주일학교 교사로 때론 찬송 인도자로 열심히 봉사했다. 월 10만 원을 받았는데 그 돈은 서울 끝에서 안양 학교까지 오가는 학교 교통비로 거의 다 들어갔고 책값으로 몽땅 다 들어갔다.

하지만 먹고 자는 문제가 해결된 것으로 감사할 뿐이었다. K교회로 간 지 10개월이 다 될 무렵, 다른 곳으로 가지 않으면 안 될 일이 생겼다. 간신히 의·식·주 문제가 해결됐나 싶었는데 앞이 캄캄하고 어떻게 해야 할지 막막하기만 했고 우리 두 내외는 아무 생각도 할 수 없었다.

그런 암담한 시기에 안양 베다니교회에 계시던 목사님께서 우리를 부르셨다. 우리에게 G교회가 비어 있으니 가라는 것이다.

그곳은 시골인데 교회 겸 기도원으로 쓰고 있으며 너무나 좋은 곳이라고 했다. 가뭄에 단비를 만난 듯하였으나 아무리 기도를 해도 우리가 갈 만한 교회가 아니라는 마음이 가득하였다.

우리는 일부러 목사님을 찾아가서 우리가 갈 곳이 아닌 듯하다며 다른 사람을 보내라고 했다. 그러자 그 목사님께서는 우리에게 말씀하셨다.

"곽 전도사님이 거기에 적격자입니다. 모든 생활비를 안양지방회에서 책임질 테니 걱정 말고 가기나 해요."

나와 남편은 마음은 내키지 않으나 진퇴양난에 빠져 갈 곳 없는 처지에 선택의 여지가 없어 반 강제적으로 떠밀리다시피 10월 28일, 서울 응암동에서 그 날 아예 퇴거까지 해가지고 수원 지역의 낯선 곳으로 짐을 싣고 갔다.

이삿짐을 가지고 그곳에 도착했을 때 G교회에 다닌다는 5-6명의 사람들이 순식간에 교회에서 나오더니, 당장 나가라며 삿대질을 하고 심지어 남편의 멱살을 잡으며 난동을 부렸고, 같이 가신 목사님들께도 몸싸움을 부추기고 있었다.

목사님께서도 그들의 행동에 망연자실하시며 침묵하셨다. 이삿짐을 가지고 오신 용달차 아저씨는 거센 그들의 반대를 무릅쓰고 짐을 내려놓고 용달비를 받아 가지고 우리를 걱정하면서 유유히 그곳을 떠나가 버렸다.

내가 예수 믿고 지금까지 그렇게 독하고 악하며 억센 사람들은 처음 보았으며 그들이 정말 불쌍해 보이기까지 했다. 그들의 행동에 같이 오신 목사님들도 속수무책이었다.

점점 해가 뉘엿뉘엿 지고 어두워져 가자, 마당 한가운데 잔디밭에 짐과 우리를 남겨둔 채 한 분 한 분 차를 타고 "내일 오마." 하시면서 그곳을 떠나 버리셨다.

도대체 무슨 영문인지 알 수 없었던 우리 식구들은 G교회의 넓은 잔디밭 마당 한가운데 이삿짐과 같이 덩그러니 남겨져 있었다. 아침부터 저녁까지 굶고 있던 우리에게 하나님께서도 침묵하시고 계시는 것만 같았다. 아니, 하나님은 우리를 훈련시키시려고 그곳으로 강권적으로 몰아붙이신 것 같았다.

밤은 깊어가고 적막은 흘렀다. 교회에 들어가서 기도하려고 하니 큰 자물통으로 교회는 굳게 잠겨져 있었다. 그때 당시는 10월 28일이었고 시골이다 보니 점점 추워지고 서리까지 내렸다.

잔디밭이라 그런지 서리는 점점 더 내렸고 추위를 견디지 못해 우리 식구는 두꺼운 옷을 꺼내 덮었다. 하지만 두꺼운 옷을 입어도 추위가 도저히 감당이 되지 않아 솜이불을 꺼내어 덮기까지 했다. 시골지역의 추위는 우리를 잠을 잘 수도 없게 억세게 내리쳤으며, 도저히 잠을 잘 수 없던 나는 기도할 수밖에 없었다.

'우리를 향한 주님의 뜻은 무엇일까?'

그렇게 거의 밤을 새우다시피 할 때 아침의 햇살이 우리를 비추고 있었다. 밤새 덮고 있던 이불은 찬서리에 속까지 다 젖어 있었다. 전날 하루 종일 굶고 밤을 지새우다시피 한 우리의 모습은 말이 아니었다.

그런 우리에게 G교회 사택에서 자고 나오는 한 사람이 우리를 내려다보며 비아냥거렸다.

"더 고생하지 말고 빨리 이곳을 떠나시지!"

인정도 없어 보이고 도저히 내 눈에는 예수 믿는 사람으로 보이지 않아 너무 불쌍해 보였다. 찬 서리에 다 젖어 앉아 있던 우리가 초라하고 불쌍하다고 느껴지는 것이 아니라, 오히려 불쌍한 것이 우리가 아닌 그들이라 생각되어졌다. 무슨 이유인지는 모르겠으나 사연이 있는 교회라는 것은 분명했다.

조금 있으니 어제 오셨던 목사님들께서 라면과 빵과 음료수를 사오셨다. 그러나 나는 도저히 아무것도 먹을 수가 없었다.

오신 목사님들께서는 우리 두 내외를 위로하시며 힘내라고 하시기도 했고, 어떤 목사님은 이런 고난도 못 이기면 앞으로 무슨 일을 하겠느냐고 하셨다. 그렇다고 목사님들의 말씀이 위로가 되거나, 혹은 섭섭하지도 않았다. 오히려 돈 주고도 살 수 없는 이런 훈련을 시키시는 주님께 감사했다.

정말 내 마음을 알 수 없었지만 왜 그리도 감사가 나오는지, 연단은 인내를 인내는 소망을 이룬다는 말씀만을 암송했다.

큰 솥을 길가로 가지고 나와서 여러 목사님들과 식사를 하기 위해 라면을 끓였다. 한 그릇을 뜨고 또 한 그릇 뜨려고 할 때 북한 사투리를 쓰는 40대의 중년 남자가 오더니, 라면 솥을 발로 차서 길바닥에 라면 천지를 해 놓고는 우리에게 몹쓸 말을 던졌다.

"거지 같은 것들!"

그렇게 말한 그는 G교회 쪽으로 사라져갔다. 정말 못 말릴 사람들이었다.

나는 그들이 하는 모든 행동들을 지켜보며 신앙인을 떠나 인간의 근본이 되지 않은 사람들임을 보았다. 그들이 너무나 불쌍했고 저들이 주님을 믿는 사람인가 싶었다. 도대체 무엇이 어떻게 잘못되었기에, 이런 수모를 목사님들이 당해야 하는지 무척 궁금했다.

나중에 알고 보니 그 교회의 사정은 이러했다. 기도원 겸 교회로 쓰고 있던 G교회의 재산이 그 당시 5억이 넘게 있었고 넓은 잔디밭과 건물이 1천 평 이상이나 되었단다. 그러한 교회 부지에 몇몇 사람이 농사를 짓고 있었고, 그 곳에 계시던 여자 전도사님이 돌아가시자 그 땅이 교단총회로 넘어갈 것을 우려하여 그렇게 거세게 반대를 하고 있었다는 것을 대충 알게 되었다.

그런 사정을 알고 그날도 하루종일 그곳에 있었지만 일의 결말이 보이지 않았고 해결될 것 같지 않아, 결국 그 동네의 작은 창고를 얻어 살림살이를 넣어두고 우리 세 식구는 거할 곳이 없이 이곳저곳 방랑생활을 시작했다. 거의 거지와 같은 생활을 하며 안양지방회 목사님들의 처신만을 기다리고 있을 뿐이었다.

그러나 그렇게 방황하며 갈 곳과 머물 곳을 잃은 우리에게,
"어떻게 지내느냐?"
"고생이 많지는 않느냐?"
라는 위로나 염려, 혹은 안부 전화 한 통조차 없었다.

하루를 보내고 저녁이 가까워 오면 '오늘은 어디서 자야 할까?' 하는 걱정이 앞서게 되었고, 5살이 된 성민이가 저녁이 되면 애처로운 눈길로 "엄마, 오늘은 어디서 자야 해요?" 하고 내게 물어올 때마다 할 말이 없어 우리 부부는 침묵할 수밖에 없었다.

이렇게 방랑자의 생활을 하다 보니 고통스럽기 그지없었다. 옷을 갈아입어야 할 문제도 있었고 옷을 어디서 빨아야 할지도 문제였다. 그렇다고 돈이 있어 새 옷을 사 입을 수도 없었다. 때로는 순옥이라는 내 친구 집에 가서 옷을 얻어 입기도 하고 용돈을 얻어 쓰기도 하였다. 그런 내 친구는 천사와도 같았다.

그렇게 근근히 살아가는 우리의 행색은 정말 말 그대로 거지가 따로 없었고, 우리 세 식구의 모습은 거지 그 자체의 모습이었다. 얼굴은 때 구정물이 줄줄 흐르는 듯했고 가끔 아는 분이 성민이의 손에 쥐어주는 돈 천원, 혹은 2천원은 우리 식구의 생활비가 되었다.

G교회로 가면, 생활비를 책임지겠다고 했던 안양 지방회에서는 갈 곳 없어 방황하는 우리에게 안부전화 한 통도 없었고, 우리

를 걱정해 주는 이도 없었다. 맨손으로 떠돌던 방랑생활 3개월은 너무나도 길게만 느껴졌고 나는 남편 몰래 안양지방회에 계신 목사님께 전화를 하게 되었다.

"생활비를 책임질 테니 걱정 말고 가라고 하시고는 어쩜 그렇게 무심하고 무정하실 수 있습니까? 우리 세 식구는 하루하루를 정말 힘들게 살고 있습니다. 밥도 먹지 못하고 옷을 입지도 못하고 완전 거지와 같이 이리저리 방황하고 있습니다. 너무하신 것 아닙니까?"

하지만 전화를 받으신 목사님께서는 내가 하는 소리만 듣고 계실 뿐, 미안하다거나 어떻게 해주겠다는 말씀은 하지 않으셨다. 사실 나 역시 그 목사님이 어떻게 해주리라는 생각으로 전화를 한 것이 아니라, 우리의 상황을 알려주고 싶을 뿐이었기에 전화를 하고 나니 속이 후련해지는 듯했다.

나는 지금 벌어지고 있는 이 상황의 모든 것이 주님의 뜻이라는 것을 알고 있었다.

그때에 마침 안양 비산동 교회의 이보영 목사님께서 우리의 처지와 상황을 들으시고 살림을 가지고 비산동 교회로 오라고 하셨다. 10월 28일부터 3개월을 지나고 보니 하얀 겨울이 되어, 우리를 보시는 목사님의 마음이 편하지가 않으셨던 것 같다.

목사님께서는 보증금을 대주시고 다달이 방세와 우리 생활비를 계속적으로 대주셨다. 오랜만에 우리 가족은 평온을 찾을 수 있었고 목사님께 감사한 마음과 함께 죄송스러운 마음은 말로 표현을 할 수 없었다. 목사님께서도 힘드실 텐데 우리를 향해 베푸시는 그 큰 사랑에 눈물이 흐르도록 감사드릴 수밖에 없었다.
　이렇게 수개월 동안의 방랑 생활의 경험은 우리에게 많은 교훈을 안겨 주었다.

제4장

교회 개척

 # 개척을 위한 남편의 20일 금식기도

이보영 목사님의 사랑을 받고 있던 우리 가족은 어디든지, 혹은 아무 곳이든지 가서 자리만 펼 수 있다면 개척을 해야겠다는 각오를 갖게 되었다.

하지만 가진 것이라고는 몸뿐이니 주님의 인도하심이 없이는 어떻게 할 방법이 없었다.

남편은 결단하여 20일 금식기도를 하게 되었고 주님의 응답하심과 인도하심을 기다렸다. 금식하며 기도하는 남편에게 하나님께서는 여호수아 1장 8절의 말씀을 주셨다.

"내가 네게 명한 것이 아니냐! 마음을 강하게 하고 담대하라! 두려워 말라 네가 어디로 가든지 네 하나님 여호와가 너와 함께 하느니라"(수 1:8).

그렇게 기도의 응답을 받은 남편은 기쁨으로 충만해졌고, 더불어 기도 중 '양무리교회'라는 교회의 이름까지 응답받았다고 내게 말했다.

그렇게 응답을 받은 후, 우리는 주님의 때를 기다리고 있었다. 젊은 패기로 충만한 우리는 앉아서 세월을 허비하는 것이 너무나 아까웠고, 이보영 목사님을 비롯하여 비산동 교회 성도님들 보기에도 너무 죄송스러웠다.

졸업을 앞둔 남편은 청주에 개척자리를 알아보겠다며 5만원을 들고 청주로 향했다. 남편이 다른 돈이 있는 것도 아니고 단돈 5만원으로 가정집도 아닌 교회자리를 알아보고 다닌 결과는 불 보듯 뻔한 것인 줄 알면서도, 무에서 유를 창조하시는 주님의 능력만을 믿고 청주로 남편을 보내고, 나는 집에서 성민이와 함께 기도하며 남편이 빨리 개척자리를 얻기를 기다리고 있었다.

남편 역시 간신히 차비만 만들어가지고 교회자리를 알아보고 다니니, 스스로도 자신을 보면서 웃지 못할 일을 하고 있지 않나 싶었을지도 모른다.

5만원을 들고 청주로 간 남편은 돈도 없이 여기저기 개척교회 자리를 찾다가 상수도 수원지 물탱크로 쓰던 지하실 창고를 찾게 되었다. 그보다 좋은 자리는 얼마든지 있었지만 우리가 가진 돈이 없으니 위치와 자리를 볼 여지가 없었다.

보증금 60만원에 월 6만원짜리를 계약하였다며 남편은 내게 청주로 빨리 내려오라고 연락했다. 그리고 구두로 계약하였으니 돈을 빨리 지불해야 한다면서 돈을 알아보라고 했다.

나는 급히 친정에서 돈을 빌려 60만원을 교회 보증금을 내고 나머지 잔액으로 교회를 수리하기로 하였다. 경비를 최소한으로 줄이기 위해 우리 두 내외가 손수 칸을 막고 강단을 짜고 페인트를 칠하고 나무를 잘라 적색 라카로 색을 뿌려서 강단에 십자가를 만들어 걸어보니 물탱크 창고는 그런대로 교회 같아 보였다.

교회를 수리하는 동안 비가 계속 내렸고 비는 40일이나 끊이지 않고 왔다.

8월 31일로 창립일을 결정하고 안내장도 발송한 상태였는데 장대같은 비는 그치지 않았다. 너무나 걱정스러운 가운데 여러 목사님들께서 찾아오셔서 걱정스레 말씀하셨다.

"지금 태풍 주의보가 내린 상태인데 창립예배에 누가 오겠습니까? 창립예배 날짜를 연기하도록 해요."

하지만 안내장 발송이 끝난 상태라 날짜를 연기할 수가 없었고 기도할 수밖에 없었다.

남편은 엘리야가 비오지 않기를 간절히 기도했던 것처럼 기도하기 시작했다. 그렇게 간절하게 기도한 남편은 응답을 받는데 야고보서 5장 17절의 말씀을 주시며 '새벽에 비가 멈추고 맑은 날씨를 허락하신다.'는 환상의 응답이었단다.

그런데 웬일인지 새벽이 지나 아침이 되어도 비가 계속 왔고, 응답하신 하나님은 8시가 되어도 계속 비를 내리셨고, 나의 남편은 창문을 열고 오는 비를 바라보며 생각이 없어진 듯 멍하니 하늘만을 바라보았다. 9시가 되어도 비는 여전히 내리면서 그치려 하지 않았다.

그런데 이게 웬일인가!

9시 30분이 되자 빗줄기가 가늘어지고 하늘에 짙게 깔려 있던 구름이 한쪽으로 떼밀려 가면서 삽시간에 맑은 하늘에 햇살이 나기 시작했고, 조금 후에는 언제 비가 왔느냐는 듯 온 천지가 깨끗하고 맑아졌다.

하늘의 햇살은 이루 말할 수 없을 정도로 너무나 맑고 밝았다. 하나님께서는 그렇게 우리 양무리교회 창립을 축복하셨다. 이렇게 하여 87년 8월 31일에 눈물의 창립예배를 드렸다.

지하 교회는 곰팡이 냄새가 심하고 발에 양말을 신을 수 없는 물구덩이 그 자체였다. 그해는 유난히 비가 많이 와서 거의 매일 물을 퍼내야 했고 방석은 매일 햇볕에 말려야 했다. 웬만한 것은 일주일만 지나면 곰팡이가 나고 썩어버렸다. 방석을 깔고 앉아서 예배를 드리는 상황에도 바지가 젖을 정도였으니 주님께서 강권적으로 성도를 보내주지 않으시면 교회로 올 자가 없었다. 곰팡이 냄새가 너무 많이 나서 예배드리러 왔다가도 그냥 나가버리는 사람도 있었으니 말이다.

어느 겨울날, 안양 비산동교회 사모님이 우리 사택에서 하룻밤 머물게 된 일이 있었다. 3만원짜리 사글세 단칸방에 사는데 그때 둘째 성은이가 태어난 지 백일이 되어갈 무렵이었던 것으로 기억한다. 88년 그때 겨울은 유난히도 길고 추웠다.

얼마나 추운지 샘가엔 얼음이 빙판을 이루고, 포장을 쳐서 임시로 만든 부엌은 조선 바람이 다 들어오는 듯 무척 추웠고 방에는 천장 여기저기서 물이 뚝뚝 떨어지고….

아무튼 서글프기 짝이 없는 현장 그대로였다. 항상 돈은 없었지만 그때도 역시 천원 한 장이 없어 아무것도 없이 식사를 해드리지 못하게 생겼다. 어디 가서 돈을 빌릴 수도 없고 무엇으로 사모님을 대접해야 할지 앞이 캄캄했다. 수개월을 우리에게 베풀어주신 은혜에 보답할 기회가 왔는데도 말이다.

마침 친정엄마가 가져다주신 김치와 담복장이 있었는데 두부 한 모 살 돈이 없어 김치를 넣고 서너 끼를 담복장만 끓여 드렸다. 그렇게 대접을 하는데 정말 너무나 마음이 아프고 사모님께 죄송했다.

사모님이 가시고 난 후 화장대 서랍을 열어보니, 사모님께서 말없이 5만원을 놓고 가시지 않았는가! 그것을 보는 순간, 눈물이 왈칵 쏟아졌다. 그 후 지금까지도 그 일만 생각하면 마음이 아프고 사모님께 죄송하다.

우리는 그렇게 힘겹게, 그러나 감사하며 주의 일을 열심히 하고 있었다. 주님께서 장년부 성도들도 보내주시고 청년들과 학생들도 보내주셨으며 5년 동안 꽃꽂이하는 성도도 보내 주셨다.

강단에 강대상 의자도 없이 썰렁한 모습 그대로 예배를 드리고 있었는데, 은혜받아 허리디스크를 고침받은 공군 중사였던 성도가 자기 생일을 기념해 강대상과 의자를 하고 싶다며 헌금을 드렸는데 그때 얼마나 감사한지 감사의 눈물이 하염없이 흘렀다.

비록 물이 솟구치고 냄새나는 예배당이었지만 기적의 현장이기도 했다. 금요철야를 통하여 성도들은 기적을 체험했고 치료의 역사가 많이 일어났다.

지하 교회에서 생활한 지 어느덧 5년이란 세월이 흘렀다. 이제 물구덩이 지하를 벗어나 1층이나 2층으로 예배처소를 옮기는 것이 목사님을 비롯하여 모든 성도들의 소원이요 꿈이 되고 있었다.

주님께서 맡겨주신 사역을 열심히 감당하고 있던 어느 날, 비산동교회 이보영 목사님으로부터 전화가 왔다.

"여러 교회를 매달 선교하던 것을 한 교회를 지정하여 땅을 사 주기로 했으니 허름한 집이라도 사서 교회를 하는 것이 좋겠네. 그러니 교회로 쓸 만한 곳을 알아보게나."

힘겨운 우리 양무리교회에게 너무나 기쁘고 감사한 희소식이었다. 그렇게 해서 우리 양무리교회는 한 평에 11만원하는 땅 100평을 살 수 있게 되었다.

▼ 개척 당시 지하성전에서

 **부흥을 방해하는 마귀역사**

회하는 데만큼은 열성적이고 적극적인 나의 남편 곽 목사님은, 힘을 얻어 열심히 금식하며 철야하여 주님이 기뻐하시는 일을 하려고 애쓰고 있었다.

그러나 마귀는 우리를 그냥 내버려 두지 않았다. 그중 가장 기막힌 일은 이상한 소문이 퍼진 것인데 바로 이런 것이었다.

"양무리교회가 통일교 자금을 받아서 땅을 샀다!"

이 소문은 우리 동네뿐 아니라 청주 시내에 퍼졌고, 총회에까지 전달되어 총회에서 전화가 오는 바람에 뒤늦게 알게 된 것이 바로 그것이었다.

뿐만 아니라 그 후 "양무리교회는 이단이다!"라는 소문도 나돌고 있었다. 이런 헛소문은 청주에서 좀 크다는 S교회 성도들의 입을 통한 것임을 알게 되었다. 또 이곳저곳 가겟집마다 양무리교회 곽 목사님이 시켰다면서 외상으로 물건을 가져간 집이 5-6

집이나 되었다. 양무리교회의 성도라면서 미장원에서 머리를 하고 그냥 가버리는 일도 생겼다.

심지어 쌀집에서도 양무리교회 목사님이 쌀 다섯 말을 외상으로 가져오라고 했다고 해서, 자세히 묻지도 않고 쌀집 아저씨가 쌀을 주었다면서 쌀값을 직접 받으러 오는 일도 있었다.

이런 어려움을 겪고 있는 중에 청주 시내에 많은 교회를 돌아다니던 K집사라는 분이 우리 교회에 왔는데, 그 집사님은 봉사를 잘 하는 것 같으면서도 불평불만이 많았다. 특히 담임목사님께 불평이 많았는데 한번은 그런 불평불만을 다른 집사님께 이야기하는 사건이 벌어졌다.

양무리교회에 처음 와서 은혜를 받고 병 고침을 받으며 열심히 신앙생활하는 G집사님께 교회에 대한 일과 목회자에 대한 좋지 않은 말을 했는지 교회에 대한 대단한 적대심을 갖게 되었다. 초신자인 자신에게 목사님의 사랑이 넘치는 것이 감사하다며 갈비를 짝으로 사오던 그가 며칠 만에 완전히 다른 사람이 되어 대뜸,

"이제 이 교회는 다시 다니지 않겠습니다!"

하고 말하더니, 자기 부인을 시켜 자신이 맡고 있던 재정장부를 돌려주고 가버렸다.

남편은 G집사님을 보고 안타까워하며 그 집으로 직접 찾아가 새벽 2시까지 권면하고 설득해 보았지만, 마음이 완전히 돌아선 그 집사님은 들은 척도 하지 않았다. 주의 종의 마음을 아프게 한 K집사님 부부는 양무리교회 성도 10여 명을 데리고 양무리교회를 떠나 버렸다.

목회자의 마음을 아프게 하며 이곳저곳 교회를 옮겨다니는 K집사의 모습이 불쌍해 보였다. '주의 종에게 순종하면 자녀가 복을 받을 터인데…' 하는 아쉬움이 남았다.

그런 일이 있고 난 후에 남편은 목사안수를 받았다. 목사안수를 받고 처음으로 세례를 주었던 J라는 성도가 있었는데 신앙생활을 잘하고 있는 사람이었다.

그런데 그가 어느 날, 목사님께 할 말이 있다며 찾아와서 심각하게 말했다.

"목사님, 저 이제 큰 교회로 교회를 옮기겠습니다."

"아니, 갑자기 왜 그러십니까?"

"양무리교회는 사람이 몇 명 없어서 나를 위해 기도해도 힘이 없지만, S교회는 성도들이 많아서 한 번만 날 위해 기도해도 큰 역사가 일어날지도 모릅니다. 그렇기 때문에 저는 큰 교회인 S교회로 옮기겠습니다."

그렇게 말하는 J성도 앞에서 남편 곽 목사님은 본인의 성격상 할 수 없는 행동을 그 앞에서 했다. J성도 앞에 무릎을 꿇고,

"내가 성도님을 위해 주의 심정으로 20일을 금식할 테니 한번만 기회를 주십시오. 그 후 가셔도 좋습니다."

하며 사정하다시피 그를 붙잡았지만, 그는 다른 집사를 따라 S교회로 떠나 버렸다.

하지만 그는 S교회로 간 지 3달도 못되어 자신에게 소홀한 S교회의 성도들에게 실망을 하고, 자기 자신에 대한 비관으로 인해 가까운 연못에 유서와 주소를 써놓고 옷과 신발을 가지런히

놓은 채 몸을 던져 자살을 했다.

그 일이 있은 후, 나의 남편은 J성도를 더 붙잡지 못한 것에 후회하며 주님께 죄스럽게 생각하고 있다고 했다.

지하예배당에 있는 동안 담임목회자에게 힘을 주는 성도가 있는 반면에 목회자를 힘들게 하고 떠나는 성도도 있었다.

그런데 하나님은 곽 목사님을 사랑하는 것이 눈에 보이도록 역사하시며, 주의 종을 힘들게 하고 목회자를 비방하며 순종하지 않는 성도들의 삶이 어떤 것인지를 보여주셨다.

몇 년이 지난 어느 날, 낯선 남자분이 우리 교회를 찾아왔다. 그는 목사님께 무릎을 꿇고 앉아 고개도 들지 못하며 말했다.

"죽을죄를 용서해 주십시오."

처음엔 전혀 얼굴을 알아볼 수 없었지만 유심히 보니, 그는 목사님의 권면에도 순종치 않고 재정장부를 가져와 불평불만하며 교회를 떠났던 G집사였다. 심적으로 많은 고통을 받았는지 수려하고 잘생겼던 외모는 몰라보게 초췌해져 있었다. 그는 용서해 달라며 목사님 앞에 무릎을 꿇었다.

"그게 무슨 말씀입니까?"

"사실은 목사님께 벌써 와서 찾아뵙고 용서를 빌고 싶었지만 용기가 나지 않아 이제야 왔습니다. 그때 순종하지 못하고 목사님의 권면을 받아들이지 못한 것을 무척이나 후회했습니다. 그 후 믿음생활도 엉망이 되어 버렸고요. 어느 날 퇴근 후 집에 와보니 집사람이 집에서 쓰러져 죽어 있었습니다. 흑흑…."

목사님은 고개를 들지 못하는 그의 손을 잡으며,

"난 다 잊고 있었어요. 다 내가 부족한 탓이지요. 편하게 앉으십시오. 마음고생이 얼마나 크셨습니까?"

그를 위해 기도해주고 돌려보냈다.

그 후 G집사님을 데리고 나갔던 K집사의 가정에도 난처한 일들이 벌어졌음을 제삼자를 통하여 듣게 되었다.

양무리교회에서 많은 일을 앞장서서 했던 K집사의 자녀가 어느날 음주운전을 하다가 한 사람의 생명을 잃게 하였으며, 동시에 하는 사업도 부도가 나고 교도소에 들어가게 되었다는 소식이 들려온 것이었다.

또한 3년을 교회에서 봉사하며 섬기던 C집사라는 분은 목사님에 대한 불평불만이 많더니, 결국 목사님의 권면을 거부하고 양무리교회를 떠나 버렸다.

그가 떠난 지 3년 후, 그는 여러 가지 사고로 인하여 몸이 약해지고 가정의 파탄을 맞이하자 비관하여 자살하였다는 것이다. 그런 소식을 들은 나는 마음이 너무나도 아팠다.

뿐만 아니라 결혼 후 4년 동안 아이가 없어 걱정하던 K라는 성도가 양무리교회에 와서 목사님께 기도를 받고 주님의 선물로 임신하게 되었는데, 그러한 은혜를 받고도 교회에 불만을 품어 목사님과 성도들의 권면을 뿌리치고 교회를 떠났다.

그가 나간 지 2년이 지난 어느 날, 전화 한 통이 왔다.

"사모님, 저 K성도입니다."

"아이고, 반가워요. 그간 별일은 없었나요?"

"별일이 있어요, 사모님."

"별일이라니요?"

"목사님의 권면에도 듣지 않고 양무리교회를 떠난 후 얼마나 후회했는지 몰라요. 기도를 하려고 하면 '목사님께 가서 용서를 빌어라.' 하는 마음의 질책 때문에 기도를 할 수가 없어요. 너무 괴로워서 더 이상 견딜 수가 없습니다. 목사님께 용서를 구하고 싶어요. 지금 가면 목사님을 뵐 수 있을까요?"

"잠시만 기다려 보세요. 목사님을 바꿔 드릴게요."

목사님께 전화를 바꿔드리자 그는 전화로 자초지종을 다시 말씀드리는 듯하였다.

그의 말을 듣고 난 후 목사님은,

"K성도님, 여기까지 오실 필요가 없습니다. 난 벌써 이미 다 잊어버린 지 오래 되었거든요. K성도님이 지금 계신 교회에서 담임목사님의 말씀에 순종하고 충성하세요. 이다음에라도 오실 일이 있다면 지나가다가 들르세요."

하며 K성도를 위해 기도해 주셨다.

이런 일 외에도 여러 가지 일들이 참 많이 있었는데, 하나님은 힘이 없고 연약한 남편을 이런 일들을 통하여 주님의 사랑으로 목회할 수 있도록 붙잡아 주셨다.

개척하며 어려움을 당하는 성도들에게 최선을 다해 영적·육적으로 채워 주시려고 애쓰는 목회자의 심정을 알지 못하고, 영육간에 많은 도움을 받고도 무시하며 떠나는 성도가 참으로 많았지만 섭섭한 마음을 주님께 맡기고 기도할 뿐이었다. 그러한 기도 후에는 주님의 위로하심과 인도하심이 넘치고 있었다.

 ## 병원에도 못 가는 아픔

정적으로 힘든 일을 어찌 말로 표현할 수 있겠는가? 한번은 이러한 일이 있었다.

교회 청년이 한 여름에 둘째아들 성은이에게 자전거를 태워주겠다고 하며 데리고 나갔다가 20분 만에 돌아왔다.

이제 막 3살이 된 성은이는 자지러지게 울고 있었고 아이의 발에서는 피가 흐르고 있었다. 이유인즉 성은이의 발이 그만 자전거 뒷바퀴에 끼여 살점이 떨어진 것이었다.

여름이라 양말을 신기지 않았던 것이 문제를 더 크게 만들었던 것 같다. 우는 아이를 데리고 병원에 가야 했지만 돈이 없어 연고 정도 발라 줄 수밖에 없었다.

하지만 어린아이의 발뒤꿈치가 짓물러 나을 생각을 하지 않았고, 돈이 없어 병원에 데려가지 못하는 우리 두 내외의 마음은 너무나도 아파왔다.

그러던 중 같은 지방회 목사님들을 만나게 되었는데, 우리의 속도 모르고 빈정대는 말씀을 하시는 거였다.

"곽 목사는 믿음이 좋아서 아이가 발이 곪아 터져도 병원도 안 가고 있네?"

우리는 그 말을 들으며 울고 싶을 정도로 마음에 비참함을 느꼈다. 안타까운 마음으로 바라보고 있는 성은이의 발은 점점 곪아가고 있는 듯했다. 걷지도 못하고 아파서 잠도 못자고 울기만 하였다.

그런 성은이를 급한 일로 인하여 큰집에 맡기고 서울로 우리 두 내외는 볼 일을 보러 떠났다.

새벽 즈음 큰집에서 전화가 왔다. 애가 잠을 자지 않고 울기 시작하는데 열이 40도가 넘으니 어쩌면 좋으냐면서 급한 목소리의 전화였다.

큰집에서는 아이를 안고 병원으로 급히 달려갔는데 병원에 있던 의사가 놀라 말하였단다.

"왜 아이가 이 지경이 되도록 무심히 내버려 두었습니까! 이게 얼마나 무서운 일인지 아십니까? 지금 뼈가 썩어 들어가고 있습니다!"

호된 말로 파상풍이 잘못되면 평생 걷지 못하는 불구가 되는 것이라면서 더 심한 경우 죽기까지 한다고 했다.

그렇게 병원도 데려가지 못할 만큼 어려운 상황에 처하기도 했지만 더욱 기도하였고, 고3이 된 성은이는 지금까지 다리에 아무런 문제 없이 잘 자라고 있다.

 ## 5년 만에 지하를 벗어나 2층으로

교회가 여러 가지로 무척 힘든 상황이었지만 우리는 더욱더 기도하며 이기고 나아갔다. 지하를 벗어나 예배를 드리는 것이 꿈에도 소원이었는데 마음을 다하여 기도한 결과, 5년 만에 2층교회로 이전하게 되었다. 너무나 감사하며 눈물의 이전예배를 드렸다.

영운동은 영적인 운동을 벌여야 하는 곳이라서 그런지 정말 너무나도 힘든 지역이었다. 2층교회로 이전하고 나서도 교회 옆에 사는 S교회 구역장이라는 사람으로부터 또 헛소문이 점점 퍼져 청주시내 전체에 퍼진 다음에서야 우리가 알게 된 사건이 있었다.

"양무리교회 목사는 노름하는 목사다."

이런 소문이었다. 너무나 기가 막히는 일이었다.

'주님이 우리 곽 목사님을 얼마나 크게 쓰시려고 하시기에 마귀가 이렇게도 역사하는가?'

하는 생각과 함께, 한편으로는 하나님께서 크게 쓰실 것이라는 기대감을 갖게 되었다.

그 당시에 목사님께서 화요일마다 10시부터 새벽 6시까지 철야하고, 매달 첫째 주에 3일 금식을 할 때였는데 그런 소문의 진상을 해결하고자 우리 교회의 집사님들 3명이 S교회 구역장의 집에 찾아가 오해하고 있는 것들을 풀어주었다.

그의 오해의 내용을 들어보니, 목사님께서 어깨가 결려 드럼채를 이용하여 어깨 두드리는 소리를 듣고 화투장을 탁탁 내던지는 소리로 오해하여 그렇게 어이없는 소문을 퍼뜨린 것이었다.

그렇게 2층교회에서 3년을 있는 동안, 마귀는 성도의 신앙과 부흥과 목회를 무척이나 방해했다. 다방면으로 마귀의 방해 세력은 너무나 심각했고 더 이상 방치하며 주저앉아 있을 수 없어 나는 오산리 금식기도원에 가서 15일을 머물며 금식하고 기도했다.

"나의 기뻐하는 금식은 압제당한 자를 자유케 하며 흉악의 결박을 풀어주며 고통의 멍에를 끌러 주는 것이 아니겠느냐"(사 58: 6).

주님의 말씀을 붙잡고 기도하며 은혜와 성령의 충만함을 받았다. 흉악의 결박이 풀리는 환상을 보며 기도의 응답을 받고 집으로 하산하였다.

그 후 교회에 역사하고 있는 악한 것들과 영적 싸움을 하며 기도로 승리했다. 교회는 점차 은혜로 충만하여졌고 날마다 감사가 넘치는 뜨거운 교회로 변화되어갔다.

친정식구의 구원

느 날 친정아버지께서 위독하시다며 병원에 입원하셨다. 진단 결과는 위암 말기였다.

많이 살아야 1개월이라고 진단을 받고 우리 형제들은 많은 걱정을 하였으며 아버지 역시 실망감을 감추지 못하셨다.

병원측에서도 병원에 입원할 필요가 없으니 집으로 돌아가 요양하라고 하여 퇴원준비를 하였는데, 웬일인지 아버지께서는 우리 집으로 가자고 하셨다.

우리 집으로 가자는 아버지의 말씀에 너무 감사했다. 친정아버지를 전도할 수 있는 너무 좋은 기회가 생겼으니 말이다.

우리 부부는 아버지를 집으로 모시고 온 뒤 열심히 전도하였다.

"이제 아버지도 예수 믿고 천국 가셔야죠. 우리가 믿는 하나님을 아버지도 믿으셔야 해요."

수십 년을 전도하고 기도하였지만 예수님 영접하기를 거부하신 아버지였는데, 웬일인지 너무나도 쉽게 아버지께서는 말씀하셨다.

"이제 집에 가면 이번 주부터 교회에 나갈 테다."

나는 아버지께서 어머니가 다니시는 새일교단에 가실 줄 알았는데, 내가 다니던 순복음교회로 가시겠다고 하셨고 그 말을 들은 어머니는 화가 나신 나머지 혼자 버스를 타고 집으로 가셨다.

어쨌든 그렇게 예수님을 믿기로 약속한 아버지께 감사드리고 하나님께 감사를 드렸다.

그날 밤 아버지는 굉장히 고통스러워하시며 하룻저녁을 보내셨다.

아침이 되고 날이 밝아 택시를 타고 아버지를 청천 고향집으로 모셔가면서, 내가 다니던 순복음교회의 목사님을 모시고 와서 친정아버지께 예수님을 영접시켰다.

우리 부부는 하나님께 너무나 감사하며 친정아버지의 손을 꼭 붙잡고 감사의 눈물을 흘렸다. 예수님을 영접하신 아버지의 모습은 너무나도 사랑스럽고 밝아 보이셨다. 많이 사셔야 1개월도 못 사실 아버지께 계속적으로 기도를 해드리고 말씀도 읽어드리며 찬송도 불러 드리려고 하였다.

그러나 생활의 여유가 없어 그런 기회를 갖지 못한 채 아버지께서는 약속한 주일날 예배를 드리고 오셔서 숨을 거두셨다. 그렇게 아버지는 예수님을 영접하시고 74세의 연세로 하나님 품으로 가신 것이다. 살아 계시는 동안 어렵고 힘들게 사는 딸의 모습만 보여드려 너무 죄송스러웠다.

친정아버지가 돌아가시기 전, 나를 계속 찾으셨다는데 지금도 그때 내가 찾아가서 아버지의 손을 붙잡고 가시는 길을 기도하면서 인도하였으면 얼마나 평안히 가셨을까 하는 아쉬움이 남는다. 지금도 그 아쉬움이 한이 되어 추도예배를 드릴 때마다 뜨거운 눈물을 흘리게 된다. 그렇게 아버지를 주님 품으로 보내고 난 후, 오산리 금식기도원에 기도를 하러 간 일이 있었다.

내 앞자리에 아버지와 딸로 보이는 분들이 앉아 계셨는데, 내 나이 또래로 보이는 분은 여자분이 자신의 아버지의 건강회복을 위해 간절히 기도하고 있었고, 그의 아버지는 몹시 아파 보였으나 딸의 간호 속에 기도를 받고 있었다.

그 모습을 본 나는 친정아버지를 생각하게 되었다.

'아버지를 조금만 더 빨리 전도하였더라면…. 아버지를 위해 조금 더 많은 기도를 드렸더라면….'

후회와 함께 눈물이 왈칵 쏟아졌다. 하지만 친정아버지께서 구원받으신 것으로 감사하며 기쁨을 간직한다.

어느 날 나는 이상한 꿈을 꾸게 되었다. 순복음교회 가까이에 자리잡고 있던 새일교회를 지나가게 되었는데 어떤 남자분이 내게 급히 말하는 것이었다.

"지금 새일교회가 무너질 테니 빨리 이곳을 피하시오!"

나는 믿어지지가 않았다.

'이렇게 멀쩡한 건물이 무너진다니, 무슨 소리야?'

부지런히 그곳을 지나쳐갔는데 그 건물을 다 지나칠 무렵, 정말 그 남자분의 말대로 순식간에 건물이 "쾅!" 소리를 내며 무너져 내린 것이었다.

무너져 내린 건물을 바라보니 무너져 내린 건물조각 사이에서 30센티 정도의 꽃뱀 다섯 마리가 기어 나오는데 그 모습이 너무나도 화려했다. 어찌나 화려한지 그 뱀들을 바라보면서도 죽이고 싶다는 생각이 들지 않았다. 그런데 그 뱀들 중 한 마리가 우리 집으로 기어 들어오는 것이 아닌가!

너무나도 생생한 꿈을 꾸고 난 뒤 열흘이 지났을 무렵, 새일교단 때문에 청천을 떠나지 못하던 친정어머니께서 갑자기 걷지도 못하고 앉지도 못하는 처지가 되어 청주에 있는 우리 집으로 오시게 되었다.

걷지도 앉지도 못하는 우리 어머니를 우리 부부는 지극정성으로 모셨고, 새일교단을 떠나면 죽는 줄로만 믿고 사셨던 어머니는 그렇게 새일교단에서 나오게 되셨다. 어머니까지 합쳐 5명의 신자들이 있었던 새일교단은 남은 신자들마저 뿔뿔이 흩어지게 되자 폐쇄되었다. 이 모든 상황들을 우리 주님은 내 꿈을 통하여 미리 보이셨다.

이단에 많은 세월을 몸담고 있었던 친정어머니는 주님의 말씀으로 영적인 것들을 바꾸어 신앙을 바로세우시기까지 많은 세월과 시간을 필요로 했다.

어머니는 통합측 장로교에서 신앙생활을 하셨고, 나는 어머니의 잘못된 신앙관을 회복시키기 위하여 기도할 수밖에 없었다. 어머니는 교회에 나가며 신앙생활을 하셨지만 구원의 확신이 없는 듯한 모습으로 생활하셨다. 나는 시시때때로 어머니께 구원의 확신을 심어주기 위하여 노력하였다. 구원의 확신을 얻었는지 확인하였지만 어머니는 2-3년 동안 제대로 대답하지 못하셨다.

그렇게 2-3년이 지나고 나서야 어머니는 구원의 확신을 갖게 되었다며 자랑스럽게 말씀하시는데 그 모습이 정말로 아름다워 보였다.

"죽긴 왜 죽어! 새 시대를 가야지!"
하시며 열심을 내어 이단에 몸담으셨던 어머니께서, 이제는 진리의 말씀으로 바뀌신 모습으로 주님 앞에 나오는 것이 감사하지만, 이단에 빠졌던 긴 세월을 나와 함께 바른 신앙으로 생활하였더라면 어머니는 주님 앞에 큰 상급으로 축복받으며 우리 자녀는 큰 축복의 열매를 맺었을지도 모른다.

새벽 2시에 일어나 6시까지 새일교단에 가서 기도하고 오셨던 그 열정을 하나님 앞에 바쳤다면, 그 긴 세월 속 기도의 응답과 열매가 대단했을 것이라고 생각하면 지나간 25년의 그릇된 믿음의 세월을 아깝게 여기게 하기에 충분했다.

89세의 나이로 자신의 몸도 제대로 추스르지 못하시는 어머니께서 이제는 더 이상 주님께 상급 쌓을 힘이 없다는 것이 안타깝기만 했다.

친정식구들은 25년 동안 여호와 새일교단에 빠져 있던 골수신자로서 지독하고 분별없이 그릇되고 고집스런 헛된 신앙생활을 했지만, 어머니를 비롯한 남은 식구들도 그렇게 진정한 주님의 품으로 돌아오게 되있고 모두 하나님을 섬기는 자녀들로 변화되었다. 그것은 분별력 없는 그들의 영혼을 사랑하며 불쌍히 여긴 종의 기도에 응답하신 증거였다.

나를 사랑하신 좋으신 하나님의 능력 앞에 감사와 영광을 돌리며, 모든 어려움과 환난을 이기고 승리하게 하신 하나님께 감사, 감사드릴 뿐이다.

이단의 특징은 식구들이나 다른 사람에게 관심을 두지 않는다는 것인데, 이단에 빠져 있었던 어머니는 객지에서 방황하며 고생하는 아버지의 영혼에도 관심이 없었고, 막내딸인 내가 입을 옷이 없고 먹을 것이 없어 굶주리며 학교에 다녀도 무정하셨다.

오직 어머니의 관심은 '여호와 새일교단'이었고 '새시대'에 소망을 두는 것이었다. 이단에 빠져 있는 동안의 젊음과 열정의 세월을 어디에 가서도 보상받지 못한다는 사실이 너무나도 안타까울 뿐이었다.

그래도 주님의 품으로 돌아온 어머니를, 나는 일주일에 한 번씩 우리 집으로 모셔와 목욕시켜드리고 말씀을 읽어드리며 항상 어머니의 영혼을 위해 기도했다.

어머니는 2005년 7월 9일 89세의 나이로 긴 숨을 내어 뱉으시며 주님의 품으로 가실 준비를 하셨다. 나는 어머니의 몸을 따뜻한 물수건으로 닦아드리고 말씀을 읽어드리며 찬송을 불러드리고 기도를 했다.

"하나님, 어머니의 영혼을 받아주세요."

그렇게 간절히 울며 기도를 하였고 어머니는 평안히 주님의 품으로 가셨다. 이젠 정갈히 머리를 쪽지어 올리신 고운 얼굴의 어머니의 모습을 이 땅에서는 볼 수 없게 된 것이다.

　어머니의 장례는 우리 양무리교회 성도님들과 지방회장 목사님의 중심으로 치러졌고, 모든 절차와 순서에 따라 은혜롭게 장례식을 마칠 수가 있었다.

▼ 성민이를 업고 계신 어머니

 ## 하나님께서 주신 두 아들

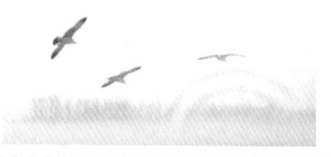

　하나님께서는 결혼하고 기도할 때에 우리 가정에 아들 둘을 주신다고 감동을 주셨는데 우리 주님은 응답하시어 아들 둘을 선물로 주셨다.

결혼하고 바로 생긴 큰 아들 성민이는 아기 때부터 부지런하고 활동적이어서 나를 무척이나 바쁘게 했다.

아기 때부터 엄마·아빠와 함께 배고픔의 고통을 함께 겪어서인지 아이는 어려서부터 부모의 마음을 잘 헤아렸으며 어른스럽게 말했다.

성민이는 초등학교 5년이 되었을 때, 방언의 은사를 받을 정도로 항상 눈물로 기도하는 아이였다. 언젠가는 집에 있는 TV로 인하여 우리 식구들이 기도할 시간이나 말씀 보는 시간을 빼앗긴다며 TV를 없애자고 제안을 해서 오래 전부터 우리 집은 TV가 없다.

그렇게 예쁜 신앙을 가진 성민이의 어릴 때부터의 꿈은 목회자가 되는 것이었다. 어릴 때부터 찬양하며 설교하는 흉내까지 내고 심지어는 자신의 설교흉내를 녹음기로 녹음하여 듣는 등 아이는 목회자에 꿈을 잃지 않았다.

성민이는 성장하여 외국어고등학교에서 학급장으로 졸업하고 성결대학교 신학과에 들어갔다. 1학년 때 전체 수석을 하여 주님께 영광을 돌리고 2학년 1학기를 마치고 공군 헌병반에 군종으로 섬기며 제대를 하고 복학을 하였다.

어릴 때부터 뼈아픈 고생과 고통을 많이 겪었음에도 불구하고, 밝고 명랑하고 긍정적이며 믿음으로 반듯하게 커 주어 고맙고 먼저는 주님께 영광을 돌린다.

군복무 시절 성민이가 집으로 보내온 편지를 소개하려 한다.

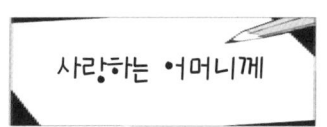

샬롬! 어머니의 듬직한 큰아들 성민입니다.

어머니의 계속된 기도로 이 아들은 언제나 행복하고 평안하게 지내고 있답니다.

이번에도 하나님의 크신 은혜로 오산리 기도원에 6·25 구국 성회를 다녀왔습니다.

훌륭하신 목사님들과 은혜로운 말씀을 이제는 더 이상 까먹지 말자는 각오와 말씀말씀마다 뼈에 새긴다는 각오로 매 시간마다 임했습니다. 다짐해도 쓰러지는 것이 인간이기에 더욱더 하나님께 매어 달리려 합니다. 그리고 나도 언젠간 저 강단에 서서 죽어가는 믿음을 살리며 수많은 젊은이들에게 비전과 꿈을 심어 주겠노라고 믿음의 욕심을 내어 보았습니다.

어느덧 저의 군생활이 6-7개월 정도밖에 안 남았습니다.

군생활을 하면서 하나라도 더 건져가려고 하는데 그게 쉽지만은 않습니다.

2년 6개월이라는 이 시간이 얼마나 귀중한 시간인지….

헛되이 보내지 말자는 다짐을 하루에도 수없이 합니다.

하나님의 은혜로 새 성전을 건축하고 매주일하다 새로운 성도님들이 등록한다는 소식에 하나님께 감사함을 금치 못했습니다. 이제 중요한 것은 그들의 관리와 계속되는 중보기도인데, 영적싸움에서 사탄 마귀와 싸워 결코 지지 않는 믿음의 가족들이 되었으면 합니다.

저 역시 기도의 파수꾼이 되어 기도하겠습니다.

교회가 재정적으로 힘들어 고민되실 줄 아는데…. 전 오히려 감사합니다.

어느 교회든지 걱정거리와 문젯거리가 한두 가지씩 있게 마련인데 천하태평한자면 아마 지금같이 기도를 하지 않을 겁니다. 문제를 해결받기 위해 기도하듯, 하나님께서 우리 교회의 기도의 불이 꺼지지 않게 하기 위하여 남겨두신 것이라 생각합니다.

그리고 차라리 돈 문제로 걱정하는 게 낫지, 사람이 말썽을 일으켜 사람문제로 걱정하면 이보다 큰 걱정이 어디 있겠습니까.

그러니 어머니, 기도함에 있어 항상 기뻐하시며 승리의 기도를 드리시길 바랍니다.

모든 것이 하나님 안에서 다 잘되리라 믿어 의심치 않습니다.

우리의 할 일은 그분을 믿고 의지하며 기도로 나아가는 것뿐입니다.

항상 평안하시고 건강하세요.

그리고 승리하세요.

2004년 6월 26일 늦은 밤 항상 감사한 성민

이렇게 매사에 적극적이고 밝은 성민이에 비해, 작은아들 성은이는 말수도 없고 혼자 있기를 좋아하고 소극적이며 매사에 자신감이 없어 형과는 대조적인 성격을 갖고 있었다.

자기의 생각이나 뜻을 부모님에게조차 표현하지 않고 자기 방에 들어가 혼자 지내는 웃음이 없는 아이였다.

중 3이 되던 해, 성은이는 요리사가 되겠다고 했다. 조용히 아이를 불러 왜 요리사가 되고 싶으냐는 질문에 아이의 대답은 충격적이었다.

"혼자 조용히 할 수 있는 것은 이것뿐이라고 생각했어요. 요리사가 되면 돈도 많이 번다는 소리도 들었어요. 그래서 요리사가 되고 싶어요."

아이의 충격적인 말은 나를 쇼크받게 하기에 충분했다.

"성은아, 네 장래 희망이 무엇이든 하나님이 기뻐하시는 일을 하렴. 그리고 너의 장래에 대해 같이 더욱 기도하자."

나는 아이에게 힘을 주는 말을 하고 아이를 위해 기도했다.

성은이가 중학교 3학년이던 8월의 어느 금요철야 때, 성은이의 진로를 놓고 기도하는데 생각지도 못하였던 응답을 받았다. 성은이가 성악의 길로 진로를 정해야 한다는 응답이었는데 너무나 예외였다. 그런 생각이 들 수밖에 없는 것이 성은이가 어릴 때부터 중3이 되도록 찬송시간에 입을 꽉 다문 채로 찬송을 제대로 하지 않았고, 박수 한 번 제대로 치지 않아 나에게 핀잔을 받기 일쑤였기 때문이었다.

하지만 나는 응답을 받았기에 작은 아이를 불러 응답받은 내용을 전해주었다.

"엄마가 분명 성악의 길에 대한 너의 장래를 응답받았으니 너도 선생님과 상의하고 진로를 결정해 보렴."

그 후 아이는 선생님과 상담을 했고 학교 음악교사도 좋은 생각이라며 아는 분을 소개시켜 주셨다. 곧바로 소개받은 분을 찾아가 테스트를 받았다.

"아이가 소질이 있고 성악하기에 좋은 목소리입니다. 그렇지만 시험이 두 달밖에 남지 않았고…. 원어로 된 이탈리아 곡 7개를 그 시간 안에 소화해 내기가 힘들 것 같군요."

그분은 걱정을 했다. 그러나 나는 주님으로부터 응답을 받은 터라 전혀 걱정이 되지 않았다.

"성은아, 주님께서 응답하셨으니 넌 아무 걱정 말고 열심히 기도하면서 공부해라. 엄마도 기도할 거야."

나는 성은이에게 용기를 주었다. 그리고 남편에게도 성은이의 진로에 대해 말했다. 남편은 내가 전하는 말에 곧바로 반대했다.

"돈이 얼마나 많이 드는데, 그게 무슨 소리야!"

"주님께서 철야기도를 통해 응답하셨는데 난들 어쩌겠어요."

일주일 동안 뜻을 굽히지 않고 반대하던 남편은 주님께서 주신 응답이라면 어쩔 수 없다면서 수긍하기 시작했다.

성은이는 생각 밖으로 열심히 노력하며 레슨 선생님을 만나 자신감을 가지고 열심히 곡을 외워 원어 7곡을 소화해내기 시작하였다. 아이에게 숨은 잠재력이 있었던 것 같다. 성은이에게 열심히 하라고 굳이 말할 필요도 없이, 아이 스스로 밤을 새우며 새벽 2시까지 연습하여 곡을 모두 원어로 외웠다.

시험날이 다가오자 성은이는 몹시 불안한 모습을 보였다.

"다른 아이들은 어릴 때부터 성악공부를 해왔고 최소한 3년이라는 시간을 공부했을 텐데…. 나는 그렇지 못한데다가 실수라도 하면 어떡해요?"

"성은아, 걱정하지 마. 하나님께서 분명히 응답하셨어. 주님께서 너의 가는 곳과 서는 곳마다 하나님께 영광 돌리는 입술이 되게 하실 테니까, 넌 걱정 말고 어떻게 주님께 영광 돌릴 것인지만 생각해."

나는 계속 힘을 불어넣어주고 용기를 주었다. 결과는 주님께서 응답하신 대로 합격이었다. 이러한 합격 소식을, 성은이가 찬송하는 소리를 제대로 들어보지 못했던 성도들에게 전하자, 예고 성악과에 합격한 성은이의 소식에 놀라움을 금치 못했다.

성은이는 학교에서 합격 통시시를 받아와 좋아하면서 어쩔 줄을 몰라 했다. 입을 다물지 못하고 학교에서 웃는 모습으로 집으로 돌아왔다. 성은이의 좋아하며 웃는 얼굴은 16년 만에 처음 보는 것 같았다. 그렇게까지 좋아하는 성은이의 모습을 보면서 주님께 감사의 눈물을 흘렸다.

그 이후로 성은이는 정말 놀랍도록 변화되어 가고 있었다. 매사에 자신감이 없고 소극적이던 모습에서 자신감이 넘치는 주의 아들이 된 것이다.

성은이가 예고에 입학하고 1학년이 되면서 연합성악 발표회를 치른 적이 있었다. 발표회를 마치고 나자 학교의 교장·교감 선생님이 직접 성은이를 찾아오셔서,

"앞으로 열심히 해서 우리 학교를 빛내거라. 너는 대성할 것 같구나."

이렇게 칭찬하셨다며 더욱 자신감이 넘쳐 있었다. 혼자 조용히 일하는 것을 직업으로 원하며 소극적이었던 아이가 많은 사람들 앞에 서서 노래하는 성악가의 길을 가게 된 것이다.

▶ 둘째아들 성은이의 세례식 때

 ## 부부의 갈등

남편은 목회자로서 주님께 영광 돌리기 위해 노력하는 노력파이자 열성적인 사람이지만, 결혼한 그날로부터 시작된 나를 향한 '후회'라는 단어는 결혼 15년이 되어가도록 그의 마음에서 떠나지 않았다.

나는 그에게서 나를 진정 사랑하고 있다는 느낌을 받아보지 못하였고 늘 나를 미워하는 것처럼 보였다.

그는 '성격 차이'와 '기본도 못 갖춘 사람'이라는 이유로 매사에 나에 대한 불평과 불만을 늘어놓았고, 말끝마다 나에게 화를 내는 등 나에게 너무 야속하게 대했다. 그럴 때마다 나를 미워하고 무시하는 정도가 너무 심각하다고 느껴섰다.

무엇 때문에 나에게 화를 내는지 알 길이 없었다. 남편은 무엇이든지 자기 마음대로였고 독선적이고 감정적이며 극단적이었다. 그런 남편과 부부의 대화가 통하기란 불가능했고 아기자기하게 이야기해보지 못했다.

　그렇게 10년을 넘게 살다 보니, 내 자신이 초라해지고 매사에 자신이 없어지는 것을 느꼈으며 남편을 만족시켜 주지 못하는 못난 내 자신이 원망스럽기까지 했다. 남편도 가끔은 나름대로 나를 예쁘게 봐주려고 노력하는 것 같았으나 대부분은 나를 기본도 갖추지 못한 여자로만 보는 듯했다.

　나와 결혼한 것을 후회하며 이혼하자는 말을 밥먹듯 하는 그에게 나는 그것으로 인해 싸움을 하고 싶지 않았다. 아무것도 없이 몸만 있는 남편을 만나 굶주려 가면서 고생하고 내가 하고 싶은 일을 포기하고 사는 것이 불쌍하고 가련하기도 하련만, 어째서 하나부터 열까지 그의 마음에 들지 않는지 알 길 없어 내 존재를 버리고 죽이고 또 죽이며, 언제까지 이래야 하는지 답답하기만 했다.

　그렇게 15년을 살다보니 이젠 극단적이고 독선적인 남편이 미워지기 시작했다.

　'10년이 넘도록 이렇게 살았으면 됐지, 더 이상 참지 못하겠다. 언제까지 참아야 한단 말인가?'

　이런 생각이 들면서 말끝마다 나를 무시하고 화를 내며, 인내하며 살아온 나의 모습은 안중에도 두지 않는 그의 모습에 너무 화가 났다. 나를 죽이고 싶도록 미워하는 남편에게 무시당하며 화내는 것을 받아줄 힘과 용기가 없어질 즈음인 어느 겨울날, 나는 남편에게 처음으로 입을 열어 말했다.

　"우리 이혼합시다. 이젠 모든 것을 끝내요."

"정말이야?!"

"그래요. 난 더 이상 당신이 화내는 것을 받아들일 자리가 없네요. 이제 나도 화내는 당신 때문에 미치겠어요."

"당신, 정말 후회 안하지?"

남편은 그렇게 말하면서 나의 눈치를 살피는 듯하였다.

하지만 나 역시 그날만큼은 더 이상 이런 식으로 살고 싶지 않다는 생각도 들고, 마음의 단단한 각오까지 하고 있었기에 담담하게 대답했다.

"후회? 나도 이혼하면 후회 할 것 같아서 무시당하고 살면서도 참고 지냈어요. 하지만 이런 식으로 살다가는 더욱 후회할 것 같아요. 이제까지 굶어가면서 홀로서기 삶을 살아왔는데 혼자 못 살 것도 없겠지요. 나를 무시하고 화만 내는 당신과 사는 것보다는 혼자 편안하게 살고 싶어요. 나같이 부족한 못난 사람하고 사느라고 고생하시는데 똑똑하고 나보다 훨씬 더 나은 사람 만나서 사세요."

"애들은 어떻게 하려고?"

"아이들이요? 애들이 무슨 소용입니까? 남편에게 인정도 못 받는 사람이 애들 걱정을 한들 무엇해요. 나보다 훌륭한 여자가 많으니 괜찮을 거예요. 10년이 넘도록 이혼하자고 노래를 불렀는데 좋은 사람이 있어 그런 것 아니에요?"

계속해서 나는 말했다.

"이제까지 나에게 만원 한 장이라도 줘 본 일이 있나요? 그래도 나는 당신을 원망한 적이 없어요. 내가 당신을 미워한 적이라도 있나요? 불평불만 해본 적이 있나요? 그런 내게 당신은 늘 불평하며 말끝마다 화를 냈어요. 무시하기까지 했다구요. 난 도대체 당신에게 뭐에요? 남에게는 있는 것, 없는 것 다 주고 베풀면서 아내인 나에게는 어쩜 그렇게 미움만 주느냐고요. 나는 하고 싶은 말이 있어도 실천하지 못할 일이라면 내뱉지 않아요. 더 이상 화내고 미워하며 죄짓고 살고 싶지 않으니 여기서 그만둡시다."

나는 그동안 참았던 모든 것을 쏟아내며 눈물로 그에게 말했다. 남편 앞에서 절대 눈물을 보인 적이 없었는데 말이다. 살면서 가장 힘들었던 것은 가난과 배고픔이 아닌 남편의 성격이었다.

그렇게 마귀는 우리 부부 사이를 갈라놓으려고 발버둥을 쳤다.

▼ 크리스마스 이브 설교

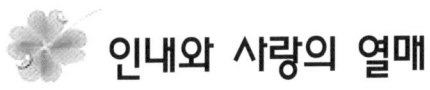# 인내와 사랑의 열매

그래도 나는 다시 참고 인내했다. 인내하기가 힘들고 어려웠지만 마귀를 대적하여 이겨야 한다는 것을 알았고, 그것이 바로 주님을 온 세상에 전파하기 위함임을 깨달았다.

남편의 어머니가 무당이었기에 정신적으로나 육체적으로 무척이나 시달렸고, 마귀의 유혹에서 이겨내기란 쉽지 않았지만 그 어두운 긴 터널을 지나 빛으로 역사하시는 주님의 은혜를 보게 되었다. 갈등을 이겨내며 그렇게 살 수 있었던 것은 필경 주님의 은혜요 여호와 하나님의 힘이었다고 고백하고 싶다.

남편이 변화된 것은 전능하신 주님의 강권적인 역사였고 결정적으로 공부를 통한 마음의 치유였다.

앞서 나의 남편은 고등학교 졸업반일 때 부모님이 돌아가셨다고 언급한 적이 있다. 남편이 일찍 부모님을 잃어서인지 남편은 공부를 많이 하지 못한 것에 한이 많았는지, 나와 결혼한 뒤부터 24년 동안 남편은 지금까지도 공부를 하고 있다.

신학대학 졸업 후 목회를 하며 대학원 두 곳을 졸업하고 박사과정을 공부하고 있는데 그의 학업에 들어간 돈의 액수는 만만치가 않았다. 그의 학업으로 인해 나는 항상 생활고에 시달렸고, 필요한 것들은 무엇이든지 항상 머리끝부터 발끝까지 하나님께서 채워 주셨다.

마음 아픈 것이 있다면 남편의 학업 욕심으로 인해 아이들의 학업을 제대로 뒷받침해 주지 못한 것인데, 그러한 이유로 가정을 뒤로하고 자신의 욕심만 채우는 남편이 미워지기도 했다.

하지만 머지않아 나의 마음은 긍정적으로 바뀌었다. 세상 믿지 않는 사람 중에는 노름이나 유흥비로 물질을 허비하는 사람도 있지만 생산적이고 실속 있는 것에 투자하는 나의 남편을 칭찬하는 모습으로 말이다. 많은 나이에도 불구하고 귀찮아하지 않고 공부하는 남편의 마음도 어쩌면 하나님이 주시는 마음이지 싶었다. 하나님께서 주의 아들을 쓰시기 위하여 공부하게 하시는 것이라 생각하게 하심에 감사를 드렸다.

남편이 대학원을 다닐 때, 성전건축을 하는 중이어서 재정의 어려움으로 인하여 몇 번이나 대학원 공부를 포기할 뻔한 어려움도 있었다. 그러나 그때마다 호서대학원 서용원 원장님의 은혜로 인해 M.DiV과정, Th.M과정, 그리고 박사과정을 끝까지 마칠 수 있었다. 나의 남편을 끝까지 믿어주시고 지도해 주신 서용원 원장님께 감사를 전하고 싶다.

그렇게 힘든 공부 속에서 남편의 다혈질적인 성격은 몰라보게 변화되었고, 어느 날 남편은 나에게 다가와 말했다.

"나의 모난 성격을 이해해주고 참아주며 인내의 삶을 산 당신이 고마워. 못된 성격을 받아주고 맞춰주느라 곱던 얼굴에 주름만이 가득하네. 얼마나 마음고생이 심했어?"

나의 마음을 어루만져주는 남편에게 물어 보았다.

"당신, 왜 나를 그렇게 무시했나요?"

"당신이 나보다 무척이나 잘난 사람 같아 보였어."

그렇게 말하는 남편의 말을 들으며, 우리 부부 사이를 멀게 만들었던 것은 필경 마귀의 역사였다는 것이 확실히 느껴졌다.

지금 우리 부부는 지난 이야기를 하면서 웃곤 하지만 갈등을 이겨낼 수 있게 도와주신 주님께 감사를 드릴뿐이다.

한 사람이 목회자로 우뚝 서기까지는 너무나 많은 시련과 연단이 있지만, 길이 참아 인내하며 주님 앞에 설 때에 잘했다 칭찬 듣는 나 자신이 되기 위한 많은 노력이 나에게 필요하다는 것을 다시 한 번 깨달았다.

"환난날에 나를 부르라 내가 너를 영화롭게 하리라"(시 50:16).

내 주위에 있는 무당의 자식들이나, 혹은 그의 후손들을 보게 된다. 그들은 정신질환이나 알코올 중독으로 힘겹게 살거나 음독 자살을 하는 경우가 많다. '무당 자손 잘되는 법이 없다'는 말이 있는데 그런 사람들을 보면 그 말을 더욱 실감하게 된다.

그들과는 달리 주님 안에 사는 자에게는 주님만이 하실 수 있는 놀라운 능력과 특권을 누릴 수 있게 되는데, 그것은 믿지 않는 자들(여기서는 무당의 후손들이라고 말하고 싶다.)을 주님의 능력과 살아 계신 하나님의 이름으로 변화시킨다는 것이다.

"한 알의 밀알이 떨어져 썩어 죽으면 많은 열매를 맺게 되고 그대로 있으면 열매를 맺지 못한다"는 주님의 말씀대로 나의 좋으신 하나님은 그렇게 내가 죽어지길 원하셨다.

부족한 나에게도 나름대로의 자존심과 의지·고집이 있었지만 그런 모든 것들을 포기하게 하시고, 나를 붙잡아 주시는 주님의 능력으로 모든 상황들을 이기게 하셨다.

나의 남편은 술과 담배뿐 아니라 세상에서 찌들어 있던 모든 것들을 벗어 버리게 하셨고, 그의 고달픈 삶 또한 믿음과 기도로써 이기게 하셨다. 이 모든 것을 주님의 사랑과 주님의 능력으로 이기게 하신 주님께 감사, 또 감사드릴 뿐이다.

남편의 큰형님 가족과 작은형님 가족이 예수를 믿고 불신자 가정에서 주님의 자녀 된 모습으로 변화받게 하심에 감사를 드린다. 남편의 큰형수는 지금 집사로서 충성하고 있으며 큰형수의 딸은 현재 초등학교 교사이자 목회자의 사모로 주님을 섬기고 있고, 둘째 형님 부부는 현재 양무리교회의 집사와 권사로 충성하고 계신다. 둘째 형님의 딸도 목회자의 사모로 일하고 있으며, 그의 막내아들은 신학대학 4학년으로 인도에서 전액 장학금을 받으며 교환학생으로 학업에 임하고 있다.

단점만을 가지고 서로가 서로를 용서하지 못하고 이해하지 못하며 미워했던 지난날의 세월이 흘러, 어느덧 결혼 25주년을 맞이한 지금은 서로의 단점을 보기보다는 장점을 먼저 본다. 그렇게 장점만을 먼저 보면서 살다 보니, 이제는 단점도 장점으로 보이게 되고 사랑하게 되었다.

남편은 나에게 "우리 부부는 바보 온달과 평강 공주와도 같아." 하며 키 작고 보잘것 없는 나를 사랑해 준다. 깔끔히 정리정돈할 줄 모르는 나의 단점까지도 남편은 사랑과 관심으로 일관하여 주는데 그런 남편이 너무 고마울 뿐이다.

멋을 부릴 줄 모르고 무엇이든 아까워 버릴 줄 모르는 나의 단점은 생활고를 이기는 장점이 되었고, 세상을 너무 모르는 단점 또한 주님만을 바라보는 장점이 되었다.

남편의 급한 성격 때문에 시행착오도 많았지만 그러한 그의 급한 성격을 놓고 베드로처럼 크게 쓰임받는 사람, 또한 과격한 면도 없진 않지만 반면 눈물도 많은 그를 눈물의 선지자 예레미야와 같이 쓰임받길 기도했고 그렇게 쓰임받을 것이라 믿는다.

남편의 넘치는 정 때문에 가끔은 예산이 없어도 어려운 교회에 베풀 때가 많은데, 그럴 때는 힘겹기도 하지만 그런 힘겨움이 양무리교회의 지경을 넓혀 주시는 주님의 축복으로 다가올 것을 믿고 바란다. 또한 그러한 남편의 칼 같은 결단력과 추진력은 주님의 관심과 사랑을 받기에 충분하다고 생각한다.

모든 학식과 지식을 겸비하고 성령의 능력으로 은사 충만한 주님의 아들로서 주님은 남편을 부흥사로 써주셨고, 그러한 주님의 은혜에 감사를 드린다.

제5장

사모가 감당하는 작은 목회

일천번제는 축복의 통로

일천번제에 대해서는 듣기만 했을 뿐, 일천번제를 드릴 생각조차 하지 않았던 어느 날 새벽 기도 중, 하나님을 기쁘시게 할 일을 한 가지라도 하자는 결단을 세움과 동시에 일천번제를 시작하게 되었다.

일천번제를 하기 전까지는 일천번제에 대한 소중함도 없었고, 끝까지 일천번제를 드릴 자신이 없었지만 용기를 내어 하루하루 제단을 쌓아갔다.

일천번제를 드린 지 300일이 되어갈 무렵, 혼자 쌓아가고 있던 일천번제의 동참자들이 한 명 두 명씩 늘어나기 시작했는데 그렇게 늘어난 동참자들은 현재 10명 이상이 되었다.

일천번제뿐 아니라 20일, 또는 40일 작정기도 헌금 등 새벽마다 갖가지 소원과 감사의 예물이 드려지고 있다. 새벽기도회 때마다 새벽교인의 50% 이상 특별 헌금을 올릴 때도 있다. 그러나 무엇보다 중요한 것은 이로 인해 재정이 점점 넘쳐나기 시작했다는 것이다.

나는 이러한 것들을 보면서 깨닫게 되었다.

"일천번제는 주님께서 재정을 축복하시는 축복의 통로다."

나는 그러한 사실을 알기에 내 주위에 있는 사모님들께 일천번제를 권면하고 있다. 내 자신 또한 계속적으로 일천번제를 드릴 계획이다.

▼ 남편의 석사학위 수여식

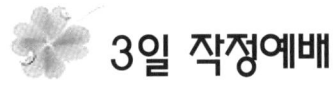
3일 작정예배

내가 3일 작정예배를 드리게 된 것이 13년이 되어간다. 주님께서 내게 베풀어주신 주의 은혜를 성도들에게 나누고 베풀기 위한 작은 사역의 한 가지인 이 예배는, 한 가정에 3일씩 시간을 정하여 드리는 기도 중심의 '3일 작정예배'이다.

3일 작정예배는 일주일에 한 가정, 많게는 일주일에 2-3가정을 방문해 예배를 드린다. 각 가정의 문제에 따라서는 6개월, 또는 1년이 넘게까지 매주 예배를 드리는 가정이 있다.

나는 무엇보다도 전도하는 일과 심방하는 것을 좋아하는데 특히 심방하는 것을 나의 사명으로 알고 섬기며 예배드린다. 그렇게 심방하며 예배를 드리고 난 후의 마음의 기쁨은 말로 표현할 수 없을 만큼의 보람과 행복감으로 젖어들어 감사하다.

각 가정마다 있는 자녀문제·건강문제, 혹은 영적인 문제들을 위해 3일 작정예배를 드릴 때마다, 주님께서 때때로 내게 주신 신유의 은사를 통하여 놀라운 역사를 베풀어주신다.

  귀신들린 성도를 위해 기도할 때 귀신이 떠나가는 역사를 허락하시고, 가정에 자녀가 없어 고민하는 성도들을 위해 기도할 때 태의 열매를 허락하셨다. 4년, 6년, 심지어 10년이 지나도 자녀가 없어 집안 식구들이 우울하게 지내는 가정을 방문하여 3일 작정예배를 드릴 때에 태의 열매를 허락하신 가정의 수가 7가정이나 된다.

  그렇게 3일 작정예배를 드릴 때에 가정에 필요한 은혜와 응답을 허락하시는 주님께 감사 영광을 돌린다.

▼ 야외에서

 ## 수련회를 통한 성령충만

교회에서 학생회와 청년회를 사역하고 지낸 지 17년이 되었다.

우리 학생·청년들은 나에게 너무나도 사랑스럽고 소중한 존재들이기에 학생·청년들의 모임이 있는 토요일을 항상 기다린다. 그들 역시 나를 잘 따르고 순종하며 때론 나에게 "사랑합니다." 하고 고백하기도 한다.

그들을 향한 나의 기도 제목과 목표는 두 가지가 있다.

첫째는 그들이 '성령 충만' 받는 일이다.

성령 충만해야 주님께 인정받고 변화되며 흔들리지 않는 반석 같은 믿음생활을 할 수 있기 때문이다.

둘째는 "여호와께서 너로 머리가 되고 꼬리가 되지 않게 하시리니 오직 너는 내가 오늘날 네게 명하는 네 하나님 여호와의 명령을 듣고 **지켜 행하며**"(신 28:13)라는 주님의 말씀과 같이 어디를 가든지 머리 되는 자들이 되는 것이다.

예수 믿는 사람이 어디를 가든지 잘 되어야만 많은 사람들을 앞에서 리더가 되며, 그들을 이끌고 나갈 때 주님께 영광이 되며, 전도할 수 있는 전도자가 될 수 있기 때문이다.

우리 학생회는 목사님의 말씀으로 반듯한 모습으로 변화받아 어디를 가든지 칭찬받는 모범생들이었다. 주일은 물론 금요철야까지 참석했던 학생들은 늘 성령 충만하였고 늘 앞서가는 우등생들이었다.

특별히 학생회와 청년회는 교회의 연중행사인 하계수련회와 동계수련회를 통해 많은 영적인 체험으로 그들의 삶이 변화되고 있다.

수련회의 시작은 첫날부터 내가 인도하는 기도회를 통하여 마음문을 열고 회개시킴으로 시작된다. 그렇게 마음의 문이 열린 그들은 목사님께서 전하시는 말씀을 통하여 놀랍게 변화된다.

특별히 하계수련회 때 물가에서 행해지는 '세족식'은 은혜로 눈물바다를 이루는 회개와 감동의 시간들로 채워진다.

3박 4일의 부흥회 형식의 수련회를 통하여 학생·청년뿐 아니라 수련회에 참석한 장년부까지도 놀라운 은혜의 체험을 하게 된다. 수련회를 통하여 성령 충만함을 받고 갖가지 은사와 방언의 은사를 받은 사람들의 수가 60-70% 이상을 차지하기도 한다.

수련회를 통하여 은혜를 받은 17년 전의 학생들은 지금은 결혼하여 잘살고 있고, 군대를 가서도 술과 담배 등의 유혹을 받는 일 없이 믿음을 굳건히 지키고, 믿음의 자녀들로 부족함 없이 성장하고 있다. 그들이 믿음을 굳건히 지키는 믿음의 자녀들이 된 것을 주님께 감사드린다. 17년 전의 학생·청년들 중에는 목회자, 또는 목회자의 사모로 주님께 영광 돌리는 모습으로 성장하기도 했다. 그 외에도 사랑하는 양무리의 많은 학생·청년들이 주님 오시는 그날까지 성령 충만하여 믿음을 지키고 살아 계신 하나님을 전하는 멋진 젊은이들이 될 줄 믿는다.

▼ 박사학위받던 날

사랑하는 양무리 식구들의 편지

사랑스러운 학생회를 비롯하여 제직들에 이르기까지, 성도들은 나에게 시시때때로 편지로 신앙생활의 힘든 점과 어려운 모든 것들을 상담하며 사랑을 고백한다.

나는 편지로 일일이 답하지 못하는 대신, 사랑하는 양무리 성도들에게 휴대폰 메시지를 통하여 말씀으로 위로하며 격려하고 있다. 그렇게 보내는 메시지의 수가 한 달에 300-400건에 이르고 그렇게 성도들과 교제하고 있다.

여기서 사랑하는 성도들이 나에게 보내온 편지를 소개하려 한다.

사랑하는 청년들의 편지

사모님께

사모님! 오늘은 제 방에 여름 이불을 걷어 올리고 겨울 이불을 깔았습니다. 얼마나 포근하고 따스한지 모르겠습니다.

더욱이 하루를 주님께 의탁해 최선을 다하고 단잠을 접할 때의 지금은 제게 있어 저의 방은 천국입니다.

얼마나 많은 시간을 제 자신 스스로를 용서할 수 없어 고통받기를 원했는지 모릅니다.

고통이 힘들어 이제 그만 제 자신을 용서하고 싶었지만, 고통도 용서도 모두 주님의 몫이었음을 알면서도 왜 그리도 전 부인했을까요.

이제 그동안 주님께 소리쳐 하고 싶었던 말을 할 수 있을 것 같습니다.

그것은 너무도 너무도 주님을 사랑한다는 것입니다.

내일 새벽엔 더욱 사랑의 마음이 커질 것 같습니다.

ps. 사모님! 그거 아세요? 사모님께서 절 사랑하심처럼 저도 사랑함을요.

근데 이건 비밀이에요. 목사님께서 질투하시면 큰일이니까요.

그리고 늘 감사드립니다.

－수요예배 후 철진 드림

군대에서 온 편지 1

최정숙 사모님께

그동안 안녕하셨는지요.

저는 사모님의 열렬한 기도 덕에 건강한 모습으로 잘 생활하고 있답니다.

지난번에는 군대 와서 처음으로 목사님께 편지를 드렸었는데 그래도 역시 목사님보다는 사모님이 더 편한 것 같은 기분이 드는 것은 사실인 것 같아요. 목사님 들으시면 좀 섭섭하실지도 모르겠네요.

뉴스 보니까 충청도에 비가 꽤 많이 내렸던데 혹시 교회엔 아무 일이 없겠지요?

지난번 외박 때 보니 옥수수며 포도송이며 꽤 탐스럽게 열렸던 것 같던데, 제가 교회 가면 제 것도 남겨 두셔야 합니다. 오늘은 자율학습시간에 딴짓 하다가 과실을 먹었는데 이거 그나저나 체력이 딸려서 과실 훈련 어떻게 받아야 할지 걱정되네요. 저 때문에 애꿎은 동기들까지 훈련하게 되었으니….

오랜만에 쓰는 편지에 좋은 글만 써야 하는데 죄송합니다.

교회는 예전보다 지금 숫자로 보나 영적으로보다 더 은혜롭게 영적으로 변해 있겠지요?

제가 군생활하다가 다시 교회가면 잘해야 할 텐데 걱정이네요.

참! 승렬이 형은 제대했다고 승현이 통해서 들었어요. 조금 있으면 명식이 형도 제대하겠네요. 그동안 까맣게 잊고 지냈는데 명식이 형은 잘 지내는지 궁금해요.

청년회 소식은 청년회를 통해 들어야 하는데 청년들이 아무래도 무시한 듯하네요. 그래도 청년들에게 이런 말씀 하진 마세요.

그리고 이번 10일에도 어김없이 월급이 나오긴 했는데 적금 들고 이것저것 떼고 나니 아무것도 남지 않네요. 그래서 목사님 책값이나 청년들 고기 사먹으라고 돈 부치고 싶어도 여의치 않아요.

하지만 조만간 저의 작은 성의를 모아 보낼게요.

여기서 공부를 열심히 하다 보니 스스로 생각하기에 머리가 좀 좋아진 것 같아요.(약간 잔머리 쪽으로)

그러나 이젠 이런 공부도 거의 다 끝나가요. 이제 여기서 생활할 날도 이제 얼마 안 남았거든요.

이제 이곳 교육단을 수료하면 비로소 저도 이젠 이 나라의 바다를 지키는 하사관이 되는 것이죠. 억압당하고 구속당하는 것 같고 자유가 없는 군대도, 후배들에게 쏘아붙이고 나면 속이 다 시원해지곤 하지요.(저도 정말 독해진 것 같아요.)

사모님, 그럼 다음에 또 편지를 드릴게요.

아니 제가 직접 찾아가 뵙는 게 빠르겠네요. 건강하세요.

-해군 기병교 하사 김기백 올림

군대에서 온 편지 2

사모님께

목사님께는 편지드렸는데 잘 받아보셨는지….

사모님의 편지는 잘 받아 보았습니다. 지난번에 상춘이 편지에 사모님께서 기도원에 올라가셨다고 들었는데 잘 다녀오신 것 같아서… 승리는 하셨는지?

여기에서 교회도 다니고 기도도 하고 짬짬이 성경도 봅니다.

내무실에 성경책이 많이 있네요. 서적도 거의 기독교와 관련된 책이라 신앙이 처지는 것에 대해 막아주는 힘이 되네요. 원민이가 신앙생활 열심히 한다니 기분이 좋습니다.

여기에서는 교회에 봉사하고 싶어도 시간이 없습니다. 예배 2번 드린 것이 주일 성수의 끝이라 그것이 정말 아쉽고 우리 양무리교회가 그립습니다.

왠지 주일이면 바쁘고 해야 하는데 여기서는 시간이 남고, 그 시간엔 작업을 나가고 PX 이용이나 하니 왠지 씁쓸할 때도 있습니다. 군에 오고 나서 훈련이 힘들거나 생활이 힘들어 운 적은 없는데 교회에서 예배드릴 때는 눈물이 나더라구요.

하루하루를 지켜 주시는 주님의 사랑을 더 많이 체험하고, 쓰러지지 않도록 잡아주시는, 또한 힘주시는 주님의 사랑을 느낍니다. 군에 오니까 아주 작은 일들도 커다랗게 느껴질 때가 많은데 그럴 때마다 기도하고 나면 주님이 그 일을 해결해 주시는 걸 눈으로 보고 직접 체험하니, 군에 와서 신앙이 떨어진다는 것은 자기 믿음의 차이인 것 같다는 생각이 듭니다. 지키려고 하면 힘들지만 어떻게든 그것을 지켜주시는 걸 느꼈거든요. 간증거리도 몇 가지 생겼는데 그것은 나중에 말씀드릴게요.

승리할 수 있도록 기도해 주세요. 지금도 해 주시겠지만요. 그리고 목사님께서 힘들어 하시면 저에게도 말씀해 주세요. 새벽기도(불침번)·철야기도(경계근무) 등 여기서 할 수 있는 힘껏 기도할게요. 아참! 그리고 목사님 부흥집회는 어떻게 됐는지 모르겠습니다. 입소대부터 지금까지 기도하고 있는데 언제까지 해야 하는지 잘 모르겠으니 다 알려주세요.

힘든 훈련도 끝나고 나면 모두 추억이 디는 것 같습니다. 화생방(가스)·사격·야간사격, 2개 정도의 힘든 훈련이 끝났고, 앞으로 4-5가지가 남았는데 잘 해낼 수 있을 것 같습니다. 전체에서 11등을 했는데 1등을 해서 소장 상을 타면 자대에 가서 바로 휴가라고 합니다. 그래서 이제부터는 더 열심히 해서 그것을 한번 따 볼 생각입니다.

주일인데도 여기서는 작업이 끝나지 않아서 매일 작업입니다. 지금도 작업하다 야간 종교 행사자를 먼저 교회로 보내기 위해 식사하고 대기 중에 잠깐 못쓴 글을 올립니다. 저는 잘 있으니 너무 걱정 마시고 기도해 주세요. 교회가 정말 그립고 목사님·사모님도 정말 보고 싶습니다.

건강하세요. 저도 이곳에서 항상 기도하고 있겠습니다.

주님께 영광!!   -상우 올림

군대에서 온 편지 3

사모님, 안녕하세요?

저 근영이입니다. 제가 군대에 입대하고 훈련받느라고 이제야 펜을 들었습니다.

저는 사모님이 기도해 주시는 덕택에 군대에 잘 적응하고 있습니다.

무엇보다도 교회엔 아무 일 없겠지요?

목사님께서도 안녕하시겠지요?

양무리의 성도님들도 다들 신앙생활 잘 하고 계시겠죠?

모든 것이 궁금합니다.

훈련을 마치고 모처럼 주일을 지키게 되었습니다.

교회에 앉자마자 부모님 생각과 목사님·사모님·양무리교회 생각에 쏟아지는 눈물을 막을 수가 없었습니다. 교회에서 더 열심히 하지 못했던 것들이 아쉽기도 하고 주님께 죄송한 마음이 들었습니다.

목사님! 사모님!

늘 사랑으로 인도해 주신 것을 감사드립니다. 평소에 제게 베풀어주신 사랑도 감사드립니다.

늘 저를 위해 기도해 주심 감사드리며 더 많은 기도 부탁드립니다. 다음에 또 소식 드리겠습니다.

-김근영 올림

새해 청년들의 인사

사모님 보세요.

늘 사랑으로 감싸주셔서 저희들은 항상 감사하고 있어요.

사모님께서는 사랑이 아주 많으신 분이세요.

그리고 더욱더 기도능력을 받으셔서 은사 충만하시길 기도드릴게요.

건강하시구요, 항상 기쁨으로 생활하세요.

정말정말 감사합니다.

-청년회 일동

생일편지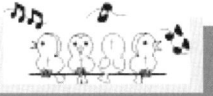

사모님!! 생신을 진심으로 축하드립니다.

일찍 알지 못해서 이렇게 뒤늦게 축하를 전합니다.

제가 교회로 이사를 해서 많이 피곤하시지요?

제가 스스로 잘 하려고 하는데 그것이 마음먹은 대로 잘 되지가 않아요.

그래도 교회에 있으니까 너무 좋은 거 있죠. 차편이 불편하다는 것이 저를 괴롭게 하지만, 그 정도는 부모님의 고통을 생각해서 참을 수 있어요. 새벽기도를 날마다 드릴 수 있으니까 제일로 좋아요.

저로 인해 신경도 많이 쓰시고, 기도도 많이 해 주셔서 감사를 드립니다.

제가 몹시 아플 때 기도해 주시던 새벽기도 때를 영원히 간직하고 싶습니다.

비록 기도를 오랫동안 하지는 못하지만 언젠가는 기도도 오래 하고, 삶 속에서 기도한 것들이 실현되는 기쁨도 맛볼 수 있을 거예요.

제가 교회에 있을 동안 잘 보살펴 주세요.

전 아직 어려서 돌봐주는 사람이 있어야 하거든요.

사모님, 감사합니다. 늘 주님의 사랑을 듬뿍 받으시며 살아가세요.

-경용 올림

사랑하는 청년들의 편지 1

제가 너무나도 좋아하는 사모님~

감사해요. 제가 다시 주님을 만나게 된 것이 사모님의 기도가 크단 걸 알거든요.

저를 위해 눈물을 흘리시고 기도해 주시는 분. 감사합니다. 사랑합니다.

저는요, 사모님과 이야기를 나눌 때 너무 행복해요.

이런저런 이야기를 나누다 보면 마음도 편해지고 기분이 좋아져요. 사모님, 올해엔 제가 기도가 많이 부족했던 것 같아요. 내년에는 더 열심히 하는 모습 보일게요.

하나님께 쓰임받는 자가 되도록 많은 노력 중이에요.

내년에 우리 사모님 건강하시고 웃는 일이 가득한 날들이 되도록 제가 기도할게요. 사랑합니다~

사모님~ 그리고 저랑 더 많은 이야기를 나눠요. 그래야 제가 행복해지거든요.

올해는 정신없이 지났네요.

학교도 다니고 어린이 집도 다니다 보니 시간 가는 줄 몰랐어요.

정신차리고 다시금 주님을 바라봐야겠죠?

제가 도움이 될지는 모르겠지만 제가 필요할 때 꼭~ 불러주세요. 빨리 와서 도울게요.

사모님, 내년에는 건강 꼭~ 챙기시구요, 웃는 일들, 행복한 일들 가득하세요! 사랑합니다. ♡

　　　　　　　　　　　　-사모님을 사랑하는 김수정 올림

사랑하는 청년들의 편지 3

사모님

인사가 늦었지만… 부흥회 기간 동안 수고하셨어요.

고생 많으셨구요. 도움이 되지 못해 좀 죄송스럽기도 하네요.

늘 사모님을 존경해 왔어요. 지금도 그렇구요. 항상 기도하시고 하나님만 의지하는 모습, 그 모습이 제게는 항상 존경의 대상으로 또, 도전의 계기로 다가오고 있습니다.

어릴 때부터 말씀으로 지도해 주셔서 감사합니다.

제게는 믿음의 어머니라면 저희 어머니도 계시지만 사모님도 제게 큰 도움이 되고 있어요. 권면해주며 충고해주시며 지도해 주시는 면에서요. 감사합니다.

저는 우리 목사님과 사모님께 말씀을 들을 수 있다는 것을 큰 축복이라 생각하고 있습니다.

앞으로도 그런 멋진 모습 부탁드립니다.

이번 부흥회는 다른 사람들에게도 큰 은혜가 임한 부흥회였겠지만 제겐 더더욱 특별한 부흥회였어요. 저의 내면을 바꿀 수 있는 기회였거든요.

두 가지의 깨달음을 주시더라고요. 항상 귀로 듣고 배웠던 말씀을 실천해야 함과 교회를 사랑하고 영혼을 사랑해야 함이요.

요즘 하나하나 지켜 나가기 위해 노력 중이에요.

기도 많이 해주세요. 역시 사람은 외모가 중요하지 않은 것 같아요. 제가 요즘 느끼는 거예요. 결코 외모를 꾸미고 가꾼다고 해서 아름다워지는 것은 아닌 것 같아요. 내면의 묻혀진 것들을 고치지 않는 이상….

전 이번 부흥회 기간 동안 내면에 있는 것을 바꾸게 해달라고 기도했어요. 그랬더니 정말 하나님께서 닫혔던 마음을 열게 하시고 기쁨을 주시더라구요.

그래서 표정도 행동도 많이 변했나 봐요. 요즘 예뻐졌다는 말을 많이 듣거든요. 그것은 결코 외면의 아름다움을 보고 하시는 말씀이 아닌 것 같아요.

기쁨을 주시니 생활에서도 그 모습이 나타나 그렇게 예쁘게 봐주시는 것 같아요.

요즘 너무 감사하고 기쁘고 좋아요.

이젠 많이 도와드릴게요. 너무 늦게 철이 들어서 그동안 허비한 시간이 너무 아깝지만, 이제부터 기도로 봉사함으로 많이 도와드릴게요. 사모님, 힘내세요. 그리고 사랑합니다. ♡

-김은정

사랑하는 학생들의 편지 1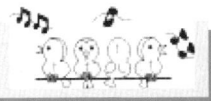

안녕하세요? 지영이입니다.

제가 이렇게 사모님께 편지를 쓰는 이유는 사모님이 제 옆에서 도와주시고 격려해 주셔서 감사의 말씀을 드리고 싶어서입니다.

힘들고 괜히 눈물날 때마다 사모님이 은혜롭고 깨달음 있는 말씀을 해주셔서 정말 감사드립니다.

그리고 신앙생활을 하는 동안, 사모님의 사랑 속에 지냈다는 것도 고맙다고 말씀드리고 싶어요.

토요일 학생예배 많이 빠지는 날도 있지만 노력해서 열심히 나올게요.

주일날은 꼭!! 빠지지 않고요.

사모님! 언제나 늘 건강하시고요 언제나 주님 안에서 믿음과 사랑으로 사세요.

감기도 조심하시고요. 사모님 사랑해요 ♡

그럼 이만 줄이겠습니다. 안녕히 계세요.

-이지영 올림

사랑하는 학생들의 편지 2

사모님께.

샬롬! 사모님, 봄이 점점 다가오고 있네요.

그래서인지 마음도 괜히 들뜨고 그래요.

언젠가 사모님이 주신 편지내용 끝에 이렇게 써 있더라구요.

'지영아, 넌 뭐든지 할 수 있어. 알겠지?'라고….

제가 다시 그 편지를 읽게 되었을 때, 왜 그렇게 눈물이 쏟아지던지요!

힘들 때마다 떠오르는 말이 두 가지가 있어요.

하나는 마가복음 9장 23절에 있는 "**할 수 있거든이 무슨 말이냐 믿는 자에게는 능치 못할 일이 없느니라.**'라는 말씀과 또 하나는 사모님이 저에게 해주신 말씀이에요.

처음엔 아무런 뜻 없이 읽다가 다시 읽을 땐 눈물이 마구 쏟아지더라구요.

　사모님~ 정말 감사해요. 편지로 힘을 주셔서 정말 고맙습니다.

　사모님, 제가 부끄러워서 잘 하지 못하는 말 세 가지가 있잖아요. '고마워. 미안해. 사랑해'라는 말이요.

　이젠 아무런 부끄러움 없이 사모님께 말할게요.

　"사모님!! 많이 사랑해요!"

　이 사랑이 하나님보다는 못하더라도 정말로 사모님, 사랑해요.

　사모님, 건강하시고요. 늘 행복하시길 바랍니다.

-이지영 올림

사랑하는 학생들의 편지 3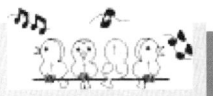

　최정숙 사모님

　항상 밝기만 하신 사모님께 저 이렇게 펜을 듭니다.

　꼭 한번 사모님께 편지 써드려야지 하면서도 매일 같이 미루기만 했어요.

　지영이와 교회에 다니면서 항상 저희들에게 친절히 대해 주시는 사모님을 매일같이 제대로 인사 못해서 죄송해요. 참!! 저희들에게 친절히 대해 주셔서 감사합니다.

　사모님의 친절 덕분에 지영이도 교회에 열심히 나오는 것 같네요.

　저도 이제 학생회에 올라왔는데도 교회에 한번 봉사하지 못했어요. 이런 저에게 주님께서 사랑을 주셔서 감사드리고 있어요.

또 한 가지 사모님께 감사드릴 것이 있어요.

전 이제까지 기도하면서 사모님을 위해 기도한 적이 없는데 사모님께서는 절 이렇게 감싸주셔서 감사드려요. 더 이상 쓸 말이 없네요. 그럼 안녕히 계세요.

-사모님을 사랑하는 효정 올림

학생들의 새해 편지 1

사랑하는 사모님께

사모님 안녕하세요? 저희는 학생회예요. 어느새 새해가 밝아왔어요. 예전이나 지금이나 항상 함께해 주시는 우리 사모님.

항상 감사한 마음 전하지 못하는 저희들 죄송할 따름입니다.

사모님께서는 학생회, 저희를 위해서 낮이나 밤이나 기도로 붙잡아 주시는데 저희는 항상 부족한 모습만 보여드려서…. 그래도 사모님을 향한 마음은 저희 모두 하나라는 것!! 잊지 마세요!!

사모님, 저희를 위해서 말씀해주시는 그 격려와 꾸짖음들…, 정말 감사드립니다. 사모님께서 계셨기에 우리 학생회가 있을 수 있었다는 것을 저희는 알아요.

감사와 기쁨의 마음을 전부 다 전해드리지는 못하지만… 사모님~ 사랑합니다.

-학생회

학생들의 새해 편지2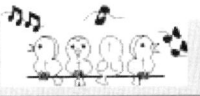

샬롬! 즐거운 성탄절이에요.
새해에는 소원하시는 모든 일들이 이루어지시기를 빕니다.
올해 동안 가르쳐 주신 것 감사드립니다. 즐거운 하루가 되세요!!

-김효정

사랑하는 제자들의 편지 1

기도의 어머니! 최정숙 사모님께!
저를 위해 항상 눈물로 기도해 주셔서 감사드려요
저에게 참으로 큰 힘이 된다는 거 잘 아시죠?
사모님께서 저의 기도의 어머니가 되어 주신다고 하셨을 때, 얼마나 감사하고 큰 힘이 되던지…!
주님께 감사기도 드리면서 계속 눈물이 흘러 울고 말았습니다.
저도 주님 앞에 더 많이 더 귀하게 쓰임받기 위해 기도할게요.
주님께서 우리 양무리교회를 너무너무 사랑하셔서 크게 쓰실 거라고 믿어요.
처음 개척할 땐 많이 힘드셨겠지요? 그러나 성전건축을 통하여 주님께서 영광받으시고 양무리 교회를 통해서 이 주위에 많은 영혼들이 구원받을 것을 믿습니다.

그리고 주의 큰 뜻이 이루어지리라 믿어 의심치 않습니다.

하나님께서 우리 사모님 크게 쓰시려고 많은 연단과 시련을 주셨나 봐요.

더욱더 주님을 사모하는 마음으로 힘내세요. 파이팅!!

사모님, 사랑합니다. 사랑합니다. 사랑합니다.

-최미선 집사 올림

사랑하는 제자들의 편지2

사랑하는 사모님 보세요.

교회서 계속 뵙기는 하지만 편지를 쓰려니 멋쩍네요. 제가 양무리교회를 다니면서 목사님으로부터 받은 사랑 너무나 감사하고, 성도님들께서 베풀어주신 관심도 너무 감사드립니다.

이렇게 힘든 저지만 양무리교회 사모님께서 시시때때로, 새벽으로 저를 위해 눈물로 기도해 주심에 정말 감사드려요. 제게 너무나 큰 힘이 됩니다. 많은 교회가 있지만 양무리교회에 다닌다는 것이 너무나 감사하고 행복합니다.

저도 열심히 주님 앞에 더 많이 쓰임받기 위해 노력하고 기도할게요. 저를 위해 늘 기도 부탁드려요. 그리고 사모님, 정말로 사랑합니다.

-최진선 집사 올림

사랑하는 제자들의 편지3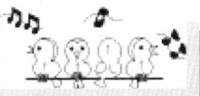

　목사님·사모님, 주님의 사랑을 인하여 더욱 감사하며 사랑합니다. 두 마디의 말 속에 저의 마음을 다 전할 수는 없지만, 부족한 저를 자식처럼 사랑하는 마음 알기에 말로 다 못 전해드리는 제 마음이 안타깝습니다.
　두 분께 드린 말씀 속에 혹여 서운한 점이 있다면 이해 바라며 용납하실 줄 믿습니다. 아직 미처 철 다 들지 못한 자식이 허심탄회하게 드린 말씀이오니 사랑으로 묻어주시기를 바랍니다.
　일찍 부모와 떨어져 못다한 어리광을 두 분께 부리고 싶고 사랑받고 싶습니다. 제 작은 입으로 아기처럼 종알종알 제 행복한 감사함을 두 분께 말하고 싶지만, 제 속의 교만이 불쑥불쑥 나와 마음 아프게 하는 일 생길까 조심하며 순종하는 마음으로 제 딴엔 애쓰고 힘쓰지만 아직은 어렵습니다. 저의 믿음이 더 견고히 설 수 있도록 두 분의 기도를 힘입어 장성한 청년이 되어 하나님을 기쁘게 하는 딸이 되고 싶군요.
　목사님·사모님과 같이 주님의 사랑 나누며 감사하며 살고 싶어요. 사모님이 제게 기도해 달라고 하실 때, 저는 너무 감사해서 기도하면서 많이 웁니다. 저를 가족으로 인정해 주시는 그 사랑이 너무 감사합니다. 사모님의 눈물이 제 가슴을 찢습니다.
　부족한 가운데 미련하고 생각도 짧은 저를 용서하세요.

목사님이 제게 축복하시는 말씀마다 너무나 감사드리며, 하나님의 말씀으로 듣고 새기며 어떻게 보답할까 궁리를 합니다.

날마다 말씀을 통하여 깨닫는 은혜와 마음에 새로움과 변화에 감사드리며 더욱 겸손한 자 되겠습니다.

-우경애 집사 드림

 성전 건축

 적으로 힘들었던 2층 교회의 생활을 마감하고 땅을 176평을 얻어 조립식으로 50평의 교회를 세웠다. 조립식 건물은 2층 상가건물보다는 안정된 모습이긴 하였지만 교회가 부흥하는 데 많은 손실을 가져왔다.

6년을 조립식 건물에 있었지만 1년에 10명 정도가 등록할 뿐 부흥을 기대하기가 힘들었다. 상가 2층에서 예배를 드릴 때부터 성도들은 각자 건축헌금을 다달이 하고 있었지만, 모아놓은 건축헌금은 월세로 나가는 처지여서 하나님의 기적이 아니고는 성전 건축은 우리의 꿈으로만 남을 수밖에 없었다.

나는 땅 구입을 위해 365일 새벽에 특별헌금을 드리면서 기도하였고, 5-6명의 성도들 또한 6년 동안 일주일에 세 번씩 특별철야를 하며 주님의 인도하심을 기다렸다.

곽 목사님은 양무리의 모든 성도들이 6년 동안 기도했다는 것만 믿고 땅을 알아보기 시작하였다. 그렇게 두 달 동안 청주 시내를 돌며 장소를 물색하였다.

그 결과 청주 시내 신개발지역의 땅 213평을 계약하기로 마음먹고 제직회를 열었다. 땅을 사고는 싶었지만 모두들 갖고 있던 돈이 없어 꿀 먹은 벙어리처럼 앉아 있을 뿐이었다.

하지만 주님의 은혜로 한 명, 두 명씩 백만원, 혹은 2백만원씩 빌려오는 등 열성을 보이며 돈을 모아서 1,600만원의 돈을 모아 계약을 하기에 이르렀다.

계약을 한 이튿날부터 한 평에 105만원씩, 모두 2억이 넘는 돈을 한 달 후에 내야 하는 상황에 비상기도를 하기 시작했다. 준비한 돈이 단 백만원도 없는 상황에서 일을 만들었기 때문에 목사님을 비롯한 모든 성도들은 애절하고 간절하게 기도하였고, 모든 성도들은 작정헌금을 하기로 했다.

우리 부부는 목회자의 가정이 먼저 짐을 져야 한다는 생각에 건축헌금을 얼마를 작정해야 할지 고민하다가 일단 천만원을 작정했다. 단돈 십만원도 없는 우리의 형편에 어떻게 천만원을 만들지 하나님께 기도를 드릴 수밖에 없었다.

나는 은밀히 병원에 가서 장기(臟器)라도 팔아 건축헌금을 해야겠다는 생각을 했다. 성전건축만 할 수 있다면 어떠한 아픔도 감수하며 나아가겠다는 각오가 되어 있어 남편에게 조용히 나의 뜻을 밝히자 남편은 말했다.

"아직 그렇게까지 할 만큼 결정적인 순간은 아니니 더 기도합시다."

나는 남편의 뜻에 따라 조금 더 기도해 보기로 했다.

어느 날 우리 교회의 집사님 댁에 심방을 간 일이 있었다.

성전건축에 대한 이야기를 나누던 중, 그도 나와 같은 생각을 갖고 있음을 알게 되었다. 그는 조용히 내게 말을 건네었다.

"성전건축을 위해 기도하던 중, 5년 전 하나님께 감동을 받아 천만원을 작정하게 되었는데 그 돈을 낼 수 있는 방법이 없어 장기를 팔아 건축헌금을 드리기로 마음먹고 기도하고 있었습니다. 우리 가족들이 모두 나의 장기기증에 동의할 수 있도록 기도해 주세요."

그의 말을 들은 나는 눈물을 흘리며 감사했다.

이러한 희생을 하나님께 드려서라도 건축을 하겠다는 성도가 있는 한, 하나님은 우리 양무리교회의 성전건축을 뒷짐지고 구경하지 않으시리라는 확신이 들었다.

그의 손을 붙잡고 나는 말했다.

"집사님, 하나님께서 아브라함에게 독자 이삭을 바치라고 하셨지만 이미 양을 예비하고 계셨던 것처럼, 다른 모양으로 우리를 위해 준비하고 계실 테니 기도합시다."

그렇게 함께 대화하며 기도했던 집사님은 두 달 후 새벽예배 때 천만원의 돈을 헌금하셨다.

그날 나는 집사님을 직접 찾아가 혹시나 싶어 어떻게 된 일이냐고 물었다. 이야기를 들은 나는 가슴이 아프기는 하였지만 하나님께서 5년 전에 이미 계획하신 것이라는 사실을 알게 되었다.

나는 돈을 만들기 위해 더욱 기도했는데 하나님은 나에게 감동을 주셨다. 나와 가까이 지내는 믿음의 식구들에게 특별헌금을 백만원씩 부탁하는 일이었다.

'백만원이면 작은 돈도 아닌데 거절하면 어쩌지?'

내가 그들에게 해준 것도 없고 돈이 없어 못한다고도 할 수 있는 상황이었기에 어떻게 말을 할까 고민하였지만, 하나님께서 주신 감동은 놀라운 방법들로 응답하셨다. 부탁한 사람들이 여러 가지 모양과 방법들로 건축헌금에 동참한 것이다.

▼ 조립식 교회 때 예배를 마치고

우리 교회에 다니는 중학교 2학년 학생이 어린 시절부터 모아둔 용돈을 무명으로 은밀히 건축헌금을 드린 일이 있는데, 그 헌금은 작은 돈이 아니었기에 감사와 감동의 눈물을 흘리게 되었다. 그런 귀한 딸을 위해 진정 눈물로 그의 앞날에 하나님의 축복이 함께하길 진심으로 기도드렸다.

또한 신학교에 다니며 정말 힘겹게 아르바이트를 하여, 하나님 앞에 각각 백만원씩 건축헌금을 드리고 군에 입대한 곽성민·곽승기 신학생의 믿음은 하나님께서 기뻐 받으실 것이라고 믿는다. 또한 그들의 사역하는 길에 주님의 축복이 함께하실 것이라 믿는다.

뿐만 아니라 여러 가지 방법들로 하나님을 감동시키고 담임목회자를 감동시키며 성도들의 마음을 감동시킨 여러 성도들이 있는 한 양무리교회의 성전건축은 아름답게 이루어지리라 믿었다.

그렇게 건축헌금은 어린 주일학교 학생들부터 장년부에까지 드려졌다. 적게는 몇백원에서부터 많게는 5천만원까지의 헌금이 드려졌다.

주님은 성전건축을 사모하는 성도들의 기도와 헌신, 그리고 우리 부부의 기도를 기쁘게 받으시고 2002년 11월 17일, 주위에 계시는 여러 목사님들과 양무리 성도들과 함께 감사의 기공예배를 드리게 되었다.

기공예배를 드린 그날로부터 공사가 시작되었고, 성전건축은 나의 큰형부가 현장 소장이 되어 일을 맡아 하셨다. 48년 동안 건축업에 종사하신 분으로 건축을 먼저 부탁드리고 싶었으나 형부의 성격을 너무나 잘 알기 때문에 말을 건네지도 않았다. 그런데 형부께서 먼저 현장을 찾아오셔서 둘러보시고는 다음날 짐을 싸 가지고 현장으로 내려오셨다.

말없이 일하시고 까다롭고 꼼꼼한 성격의 소유자인 형부는 성격대로 알뜰하고 꼼꼼히 공사를 진행하셨다. 우리 교회를 직접 담당하여 건축을 진행하시리라고는 생각도 못했기에 감사했다.

그렇게 시작하게 된 건축공사는 지하의 흙을 퍼 올리는 작업으로 시작되었는데 지하를 파기 시작한 지 20분도 채 되지 않아 단단한 화강암이 깔려 있는 것이 보였다. 화강암을 다 깨어 부수는 데는 돈이 많이 들어갈 듯하여 지하공사를 포기하고 싶은 마음까지 들게 했다.

그러나 지하 성전 130평을 설계해 놓은 터라 포기할 수 없었고, 남편 또한 지하 성전 공사를 고집하여 포기할 수 없었다. 결국 중장비를 이용하여 돌을 깨기 시작했는데 그 비용이 하루에 백만원씩 들어갔고, 돌 깨는 소리가 내 귀에는 돈 깨지는 소리로 들렸다.

돌을 열흘 이상 깼지만 끝은 보이지 않아서, 하는 수 없이 설계를 바꿔 지하는 40평으로 하고 성전은 2층으로 용도 변경을 하였다. 그렇게 설계를 변경하여 지하 40평을 파는 데는 중장비용이 천만원이 넘게 들어갔고, 깨부순 돌은 28대의 덤프트럭에 실려졌다. 돌을 깨는 동안에 소음이 심하여 이웃 주민의 항의가 들어왔고, 심지어는 투견용 개를 키우던 막사에서 임신한 개가 유산했다고 항의하여 그 값을 물어주기도 해야 했다.

건축을 하는 동안은 비도 많이 와서, 지하부터 1층까지 물을 퍼내고 나르는 데 많은 시간들이 소비되었으나 성도들이 수시로 와서 함께 도왔다.

성도들은 건축공사비를 아끼기 위해 시간이 나는 대로 와서 일을 거들었고, 목사님을 비롯한 10여 명의 여집사님들은 1년 2개월간의 공사기간 동안 하루도 빠지지 않고 매일 와서 기쁨으로 봉사를 하였다. 아침 일찍 와서 밤이 늦도록 활짝 웃으며 봉사하는 그들의 모습에 눈물나도록 감사를 드렸다.

'하나님의 전적인 은혜가 아니고서야 어찌 이런 일이 있을 수 있을까?'

이런 생각과 함께 길다면 긴 기간의 공사가 단 며칠 만에 끝난 것처럼 느껴졌다.

성전건축을 하면서 크고 작은 일들도 있었지만 큰 사고 없이 건축이 마무리되었다는 것에 큰 감사를 드린다.

그렇게 건축을 하는 동안 나의 남편은 건축비를 줄이기 위해 공사 일을 하다가 몸살이 나더니 고열로 시달렸다. 며칠을 앓던 중에 목과 귀에서 피가 나오기 시작하여 병원으로 가기 위해 나는 남편을 재촉하였다. 하지만 남편은 곧 나을 것이라며 고집을 부렸고 결국 고막이 파열되어 오른쪽 귀가 들리지 않게 되었다.

남편은 지금도 이명에 시달리며 집중력이 떨어졌고 피곤을 빨리 느끼는 등 고통을 당하고 있다. 수술을 해야 한다는데 수백만 원이나 되는 수술비가 없어 지금까지 수술을 하지 못하고 주님의 치료의 손길만을 기다리며 기도하고 있다. 그리 아니하실지라도 그의 희생을 통하여 주님께서 수많은 성도들로 빈자리를 가득 채워 주시리라 믿는다.

여러 가지로 힘들고 어려웠지만 하나님이 기뻐하시는 성전건축을 남편 곽 목사님을 통하여 이루게 하신 것을 감사하며 주님께 영광 돌린다.

더욱 감사한 것은 여러 가지로 돕는 분들과 사랑하는 양무리교회 성도들의 봉사와 헌신을 통하여, 지하 1층과 지상 4층의 건물이 평당 180만원에 모두 건축할 수 있었다는 것이다.

그렇게 지은 성전은 완공되었고 친정아버지와도 같으신 이보영 목사님을 모시고 2004년 4월 15일, 입당 및 권사 취임 예배를 드렸다. 감격과 눈물로 좋으신 하나님 앞에 예배를 드리며 건축 중 일어났던 어려움들은 하나님 앞에 아름다운 것들로 비춰지리라 믿는다.

입당예배를 드리고부터는 재정의 문제가 찾아왔다. 때로는 도시가스가 끊기고 전화도 여러 번 끊기게 되었다. 더욱 괴로운 것은 남은 공사대금을 청구하는 사람들의 전화였다. 은행마다 신용도 떨어지고 여러 가지로 좋지 않은 상황 가운데 나는 가만히 앉아 있을 수도 없었고 잠을 잘 수도 없어 특별금식기도를 시작하게 되었다.

"구하라 그리하면 너희에게 주실 것이요 찾으라 그러면 찾을 것이요 문을 두드리라 그러면 너희에게 열릴 것이니라"(마 7:7).

재정을 위해 금식하며 기도하던 중, 물질의 문제가 점차 해결될 것이라는 감동을 받고 하나님께 너무나 감사했다.

양무리교회의 2004년도 기도제목은 3배가의 부흥과 2배가의 재정 축복이었는데 기도제목대로 주님은 응답하시고 축복해 주셨다. 아직도 많은 물질이 필요한 가운데 있지만 주님께서 허락하신 성전건축에 주님의 크신 사랑으로 아름다운 결실을 맺게 하실 줄 믿는다. 비록 나의 남편이 한쪽 귀를 잃고 신경성으로 인하여 위궤양·위출혈로 건강을 잃었지만 예수 사랑의 흔적이라 생각한다. 하나님의 치료의 역사가 이루어질 것을 믿는다.

10년이 지난 지금까지도 우리 교회의 여전도 회원들은 매주 화·목요일에 전도를 하고 있는데, 그 인내와 노력의 결실로 성전건축한 뒤 9개월 동안 70여 명의 새신자를 보내 주셨다.

성전 건축이 되면 부흥된다는 말이 있지만, 나는 목사님을 비롯한 모든 성도들이 영혼을 사랑하는 마음으로 10여 년을 하루같이 전도해 얻은 결실이라고 믿고 싶다.

사랑하는 양무리교회의 모든 성도들이 성전건축을 위해 헌신하고 봉사한 것에 감사를 드린다. 특히 사랑하는 정포금 권사님, 정수남 권사님, 엄순옥 권사님, 김영숙 권사님의 헌신적인 믿음에 감사드린다. 어린 주일학교 아이들부터 학생회·청년회, 그리고 사랑하는 양무리의 모든 성도님들이 여러 가지 방법으로 감동스러운 헌금을 드린 것에 하나님께서 기뻐 받으실 것이라 믿으며, 수많은 성도들을 보내주시고 그들의 영혼을 구원하시는 하나님의 은혜에 감사드린다.

 ## 헌당의 축복을 소원하며

꿈에도 소원인 성전건축을 허락하시고 성전건축 후 매주 보내주시는 새신자들을 말씀으로 양육시키고 든든한 반석 위에 세워지는 믿음으로 인도함 받기를 원하며 기도한다.

성전건축을 통한 수많은 어려움들, 그리고 목회자만이 겪어야 하는 시련과 고통들, 수많은 물질의 고통을 통하여 또 다른 마귀의 역사가 방해하기도 했다.

목회자가 어려움을 당하고 이 어려움으로 인하여 잠 못 이루는 목회자의 고통을 주님께서는 아시고 영광의 그날로 역사하실 줄 믿고 있다.

나는 살아 계신 하나님만이 우리의 위로자가 되신다는 것을 믿고 감사드리며, "헌당의 축복을 속히 앞당겨 주옵소서!" 하며 기도한다. 그렇게 간절한 마음으로 기도를 드리며 일천번제를 드리고 있다.

나는 분명히 믿는다. 이제까지 나를 인도하신 하나님께서 모든 기도에 응답의 열매를 맺게 하신 것처럼, 주님께서 헌당의 축복을 속히 허락하실 것을…!

눈물의 기도에 아름다운 열매를 맺게 하신 하나님의 능력을 믿으며, 더욱 간절히 바라고 있는 것은 헌당에 앞장서 쓰임받는 내 자신이 되기를 진심과 전심으로 소원한다.

"**여호와를 기뻐하라 저가 네 마음의 소원을 이루어 주시리로다**"(시 37:4).

눈물의 기도는 열매를 맺고

지은이 : 최정숙
초판일 : 2006년 11월 15일
초판 3쇄 : 2021년 4월 12일

펴낸이 : 김혜경
펴낸곳 : 도서출판 나돔
http://www.nadoem.co.kr
주소 : 서울시 은평구 역촌동 68-33호 2층
전화 : 02) 373-5650, 010-2771-5650

등록번호 : 제8-237호
등록일자 : 1998. 2. 25

값 : 10,000원

저자와의 협약하에 인지를 생략합니다.
ISBN 89-88146-63-8 03230